PAUL FROMAGEOT

L'OPÉRA A VERSAILLES

EN 1770

POUR

LES FÊTES DU MARIAGE DE MARIE-ANTOINETTE

Extrait de la Revue mensuelle VERSAILLES ILLUSTRÉ

VERSAILLES

IMPRIMERIE AUBERT, 6, AVENUE DE SCEAUX

1902

L'OPÉRA A VERSAILLES EN 1770

PAUL FROMAGEOT

L'OPÉRA A VERSAILLES

EN 1770

POUR

LES FÊTES DU MARIAGE DE MARIE-ANTOINETTE

Extrait de la Revue mensuelle VERSAILLES ILLUSTRÉ

VERSAILLES

IMPRIMERIE AUBERT, 6, AVENUE DE SCEAUX

1902

L'OPÉRA A VERSAILLES EN 1770

POUR

LES FÊTES DU MARIAGE DE MARIE-ANTOINETTE

Au commencement de l'année 1770, l'administration des Menus était en grand émoi au sujet des préparatifs des fêtes projetées pour le mariage du Dauphin. Le Roi voulait que rien ne fût épargné, et l'on devait, à cette occasion, inaugurer la nouvelle salle de l'Opéra de Versailles, non encore terminée. Grosse affaire pour les organisateurs des spectacles de la Cour! Les derniers travaux d'aménagement et de décoration seraient-ils achevés assez à l'avance pour les répétitions? Quels seraient les ouvrages lyriques ou dramatiques choisis pour cette solennité? Quels seraient les acteurs, chanteurs et danseurs? Comment la mise en scène serait-elle réglée sur le nouveau théâtre? — Autant de questions délicates à résoudre.

Le duc d'Aumont, premier gentilhomme de la Chambre, avait alors la haute direction des plaisirs de la Cour; à côté de lui, sa sœur, la duchesse de Villeroy, avait une influence au moins égale sur les décisions à prendre. Puis venait le célèbre Papillon de la Ferté, intendant des Menus depuis 1756, personnage considérable et organisateur nécessaire de toutes les fêtes (1). Au-dessous de lui, se jalousant les uns les autres, les surintendants de la musique : Rebel, Francœur, Bernard de Bury, Dauvergne; les maîtres de ballets, les grands chanteurs, les comédiens du Roi, et le fameux et infatigable Arnoult, machiniste en chef et entrepreneur principal des installations de la scène!

Il fut décidé que, pour la première soirée, le jour

(1) Papillon de la Ferté, né en 1727, guillotiné le 7 juillet 1794, avait acquis en 1756 une des trois charges d'intendants des Menus. En 1780, ces charges ayant été supprimées, il en continua les fonctions, avec le titre de commissaire de la Maison du Roi, jusqu'en 1790. Il apporta à son administration une intelligence et une activité qui lui assurèrent une très haute situation. M. Ad. Jullien lui a consacré un intéressant chapitre intitulé : *Un roi de coulisses*, dans son livre de *l'Opéra secret au xviiie siècle*. En 1887, M. Boysse a publié et annoté le très curieux *Journal* écrit par Papillon de la Ferté de 1756 à 1780, auquel nous ferons de nombreux emprunts.

1

même du mariage, dont la date n'était pas fixée, mais qui devait se faire à la fin du mois de mai, on représenterait un opéra à grand spectacle destiné à montrer à la jeune Dauphine les magnificences de la scène française. A cet effet, l'on choisit un des ouvrages les plus renommés de Lulli, *Persée*, joué pour la première fois en 1682, à l'occasion de la naissance du duc de Bourgogne, repris ensuite en 1687, puis en 1703, 1710, 1722, 1737, et en dernier lieu en 1746, toujours avec succès. C'était, disait *le Mercure de France*, l'œuvre « des deux instituteurs de la scène lyrique en France, Quinault et Lulli ». Le poème de Quinault, tiré de l'épisode de Persée et d'Andromède, était bien fait et fournissait au musicien des situations dramatiques. Lulli avait écrit sur ce libretto de très beaux récitatifs, plusieurs airs qui sont restés classiques et des chœurs d'un bel effet. Il avait pour la première fois, dans cette partition, donné à un rôle de basse une grande importance, et l'excellent chanteur Larrivée devait y briller. De son côté, le ténor Legros, destiné au rôle principal de Persée, ne pouvait manquer d'avoir, à son ordinaire, un éclatant succès. Enfin, pour les ballets et la décoration, il était impossible de trouver un opéra présentant plus d'occasions d'étonner et d'éblouir les yeux. Les palais et jardins du roi d'Ethiopie, avec des jeux antiques, puis l'antre des Gorgones, les apparitions de Méduse et de Mercure, le départ dans les airs de Persée à cheval sur Pégase, la scène d'Andromède attachée à un rocher battu par les flots de la mer, la victoire de Persée tuant le monstre marin, enfin la bataille des guerriers éthiopiens voulant ravir Andromède à son sauveur Persée, — il y avait là une série de tableaux se prêtant merveilleusement à une riche et féerique mise en scène.

Cependant, on estima en haut lieu que le poème de Quinault gagnerait à être *arrangé* par le sieur Joliveau, écrivain dramatique alors à la mode, et que l'œuvre de Lulli devait être raccourcie sur certains points et allongée sur d'autres, pour y ajouter des ballets nouveaux. Les quatre surintendants Rebel, Francœur, de Bury et Dauvergne furent chargés d'y travailler en commun, de faire des coupures et d'accommoder l'opéra de Lulli au goût du jour en y introduisant plusieurs divertissements où viendraient briller les étoiles de la danse : Vestris, Gardel, Dauberval, et les demoiselles Guimard, Geslin, Heinel et autres.

Le duc d'Aumont donna l'ordre d'étudier et de lui soumettre sans retard les dispositions projetées pour la mise en scène, les décorations et costumes. En outre, il fit savoir que les fêtes devant durer plusieurs jours, on représenterait, après *Persée*, *Castor et Pollux*, le chef-d'œuvre de Rameau, puis *Athalie*, de Racine, puis *Sémiramis*, *Tancrède*, un divertissement nouveau réglé par la duchesse de Villeroy elle-même, intitulé : *la Tour enchantée*, enfin diverses comédies non encore décidées. Ce n'était pas tout encore : il faudrait intercaler au milieu de ces représentations, probablement le lendemain de *Persée*, un grand bal paré dans la même salle, en faisant pour cela les aménagements indispensables.

C'était un tour de force exigé de Papillon de la Ferté, qui en était épouvanté, et recevait de son côté les plaintes de ses entrepreneurs, décorateurs, artistes et machinistes, assez irrégulièrement payés. Le 3 janvier 1770, il écrivait sur son *Journal* (1) :

J'ai remis, dimanche dernier, à M. le duc d'Aumont, à Versailles, différents mémoires sur les préparatifs des spectacles du mariage...

Il a été décidé, *malgré toutes les représentations du sieur Arnoult, machiniste*, qu'on donnerait *Castor et Pollux* au mariage, après *Persée*. Mme de Villeroy tient beaucoup à cet arrangement.

Le 30 janvier, Papillon de la Ferté déplorait les retards dans le payement des entrepreneurs et disait : « La salle de Versailles n'avance point. »

Le 9 février, il écrivait :

J'ai été deux fois à Versailles depuis huit jours. Nous y avons eu une grande assemblée avec les surintendants de la musique, maîtres de ballets, auteurs, machinistes et décorateurs, pour arrêter les programmes de *Persée* et de *Castor*. Ce travail a été d'autant plus long que l'on a aussi arrêté l'état des chanteurs, chanteuses, des chœurs, danseurs, danseuses, symphonistes et autres à employer, ainsi que la distribution des jours de fête. Le Roi a avancé le mariage au 16 mai, ce qui raccourcit beaucoup le temps qui nous est laissé. Nous avons aussi les répétitions à faire, les changements à prévoir, de sorte qu'il n'y aura pas un moment à perdre.

Le 17 février :

Tout le travail que j'avais fait d'après l'assemblée de Versailles est à peu près inutile. Il y a eu, à la demande de M. le duc d'Aumont, une autre assemblée chez Mme la duchesse de Villeroy, mardi, où tout le monde a été appelé. Elle a duré depuis le matin jusqu'au soir...

Le 1er mars :

Une grande partie des plans pour les fêtes du mariage ayant été de nouveau dérangée, il a fallu recommencer à travailler sur de nouveaux frais, ce qui nous a occupés toute la fin du mois dernier...

Nous avons la bonne fortune de posséder plusieurs des mémoires originaux soumis par Papillon de la Ferté au duc d'Aumont et annotés ou approuvés par ce dernier. On y voit les soins multiples, les préoccupations des organisateurs, les prodiges d'activité nécessaires pour les transformations de la scène et de la salle. En voici un aperçu :

(1) *Journal de Papillon de la Ferté*, publié par E. Boysse (Ollendorff, 1887).

Le sieur de la Ferté croit devoir avoir l'honneur de remettre sous les yeux de Monseigneur le duc d'Aumont les observations suivantes.

Sçavoir :

1º Qu'il faudra, dix ou douze jours au moins à l'avance du jour du mariage, faire une répétition de la salle du festin et de la salle de bal paré, afin que toutes les manœuvres soyent bien connues, et les ouvriers au fait du port et rapport des machines.

2º Faire six jours à l'avance les répétitions de *Persée* et de l'autre opéra choisy, ainsi que des divertissements des autres spectacles ; à peine ces six répétitions suffiront-elles, et il faudra que les sujets s'établissent tous à Versailles pendant ce tems, pour qu'il n'y ait pas un instant de perdu, et qu'ils connoissent bien le local.

3º L'avant-veille de la première journée et la veille, répétition générale de *Persée* avec toutes les machines.

Il faudra prendre garde que ces deux jours seront d'ailleurs très occupés pour les préparatifs des appartements du feu et de l'illumination de la première journée, et même l'on n'aura pour préparer la salle du festin que la nuit de la première journée.

4º Seconde journée, l'opéra de *Persée*.

5º Dès le soir même de la seconde journée après l'opéra, il faudra ôter toutes les décorations, et passer toute la nuit pour construire la salle de bal paré qui doit être prête à cinq heures du soir au plus tard.

6º Le bal paré fini, on détruira aussitôt la salle pendant la nuit pour monter la décoration d'*Iphigénie en Tauride* et de *la Tour enchantée*, qui seront données la quatrième journée ; on pourra répéter, samedi 2, *Iphigénie en Tauride*, *la Tour enchantée* et les ballets.

7º L'on ne peut donner un opéra nouveau sans qu'il y ait eu au moins une répétition générale, tant pour les décorations que pour la musique et les ballets ; *c'est ici le cas de faire les plus sérieuses réflexions ; Persée* est un ouvrage extrêmement compliqué par les décorations et machines, et il faut pour les mettre en place au moins un couple de jours ; si l'on les détruit pour mettre en place celles d'un opéra nouveau, alors on ne sera pas sûr précisément de la reprise de *Persée* ; d'ailleurs, l'on croit encore devoir observer qu'il y aura une confusion étonnante pour tout ce qui s'appelle divertissement, et qu'un opéra mis entre deux pourrait rendre la reprise moins bien exécutée que la première représentation, au lieu que, répétant *Persée* deux fois de suite, l'on serait plus certain du succès ainsi que de celuy du second opéra, qui aurait été précédé la veille d'une répétition générale.

8º Si l'on adopte le projet de faire répéter *Persée* le mardi 5, aussitôt l'opéra fini, l'on démolirait les décorations et machines pour mettre en place la décoration des *Fâcheux*.

9º Aussitôt la comédie finie, on travaillerait toute la nuit pour mettre en place les décorations du nouvel opéra ; il faudrait que ce travail fût fini avant dix heures du matin, le jeudi, pour que le reste de la matinée fût employé à la répétition des ballets, et le soir, répétition générale avec la musique, ballets et accessoires, etc.

Le mémoire de Papillon de la Ferté continue encore en plusieurs paragraphes relatifs à la mise en scène d'*Athalie*, au second opéra à choisir, et aux costumes à adopter pour les acteurs et danseurs. Sur ces derniers points, on remarque en marge la recommandation suivante, répétée deux fois :

Voir Madame la duchesse de Villeroy.

Après ces observations générales de Papillon de

J. M. Moreau le jeune delin. et fecit 1770.

la Ferté vient un deuxième mémoire intitulé : *Programme des décorations pour l'opéra de « Persée »*, puis un troisième relatif aux costumes. A l'aide des descriptions détaillées qu'on trouve dans ces documents, il est curieux de voir comment on comprenait alors la mise en scène et la couleur locale au théâtre, en comparant successivement pour chaque acte de l'opéra les indications du librettiste, et les interprétations des décorateurs et costumiers.

Dans la partition originaire de Lulli, le premier acte était précédé d'un prologue assez long comprenant plusieurs solos, duos et chœurs, en l'honneur de la vertu, d'un tour fort gracieux d'ailleurs

On jugea en 1770 que c'était un hors-d'œuvre inutile, et le prologue fut supprimé.

Après une très courte ouverture, la toile devait donc se lever pour le premier acte. La scène représente une place publique de la capitale de l'Ethiopie et l'entrée du palais de Céphée, roi de ce pays. Tout d'abord, Céphée et la reine Cassiope, sa femme, exposent que l'Ethiopie est victime d'un fléau terrible en la personne de l'affreuse Méduse, qui y fait à tout moment, et à l'improviste, des apparitions désastreuses. Chaque fois que Méduse apparaît, les infortunés Ethiopiens qui l'aperçoivent sont instantanément métamorphosés en rochers, et Céphée de s'écrier :

Je serai bientôt roi d'un peuple inanimé !

C'est Junon irritée qui a envoyé ce fléau ; il faut fléchir sa colère en instituant des jeux en son honneur. Surviennent alors Mérope, sœur de la reine, et Andromède, fille de la reine, qui racontent qu'elles aiment toutes deux Persée, héros grec de passage en Ethiopie. Mais Andromède est fiancée à Phinée, prince éthiopien, et Persée n'aime qu'Andromède, ce qui fait prévoir la double jalousie de Mérope et de Phinée. Sur cet exposé commencent les jeux *Junoniens*, c'est-à-dire une série de ballets dansés par des troupes d'Ethiopiens et d'Ethiopiennes, en l'honneur de Junon. Là, Rebel et Francœur avaient cru devoir corser la partition de Lulli en allongeant considérablement le divertissement.

Enfin, l'acte se terminait par la brusque apparition de Méduse, provoquant la déroute de tout le peuple rassemblé et transformant en rochers tous ceux qui avaient le malheur de jeter les yeux sur cette horrible déesse.

Tel était, sommairement, le scénario du premier acte. Comment devait-on figurer une place publique et le palais du roi dans la capitale de l'Ethiopie ? — La partition éditée en 1710 nous fait connaître par une jolie vignette l'aspect du décor adopté à cette époque, et nous en avons donné ci-dessus la reproduction. Le palais du roi Céphée y apparaît, environné d'une série d'édifices majestueux dans le goût de Mansart. Au milieu de la place est une statue qui n'a rien d'éthiopien.

En 1770, on voulut faire mieux, et voici d'abord les recommandations faites aux décorateurs :

ACTE PREMIER. — Le théâtre représente une place publique magnifiquement ornée et disposée pour y célébrer des jeux en l'honneur de Junon. Pour rendre cette décoration relative à son objet, il convient de sçavoir que les prix qu'on doit disputer dans les jeux qui doivent se célébrer sont : celui de la lutte, celui de l'exercice de l'arc et celui de la danse ; c'est au génie des décorateurs à trouver la possibilité de ces différents spectacles dans un même local. Peut-être un amphithéâtre à l'antique, à l'extrémité d'une place *de costume éthiopien*, remplirait-il l'intention du poëte sans rien faire perdre au mérite de cette décoration : les principaux acteurs ainsi que les chœurs se placeraient sur les gradins de cet amphithéâtre pour voir les jeux formés par la danse, ce qui ornerait infiniment le théâtre, *et d'une manière noble et singulière.* Cependant on soumet ces simples idées aux réflexions des habiles artistes auxquels la partie des décorations est confiée ; on les prie d'observer que, pour l'exercice de l'arc, il faudra placer vers le milieu des ailes du théâtre, *et d'une manière noble et apparente,* deux buts pour y tirer les flèches, dont le prix sera l'objet.

Les décorateurs, s'inspirant sans doute des idées et des recommandations ci-dessus, proposèrent les dispositions suivantes qui furent complétées et approuvées, comme on va le voir, par le duc d'Aumont :

Cette décoration sera composée de quatre châssis de chaque côté, représentant de grands bâtiments qui forment l'entrée de la place. Il y aura un soubassement à la hauteur de six pieds : au-dessous du cordon, *une balustrade* isolée, d'environ deux pieds, des murs de face où seront placés les messieurs et demoiselles des chœurs pendant le divertissement; la partie qui est en retraite, où seront *de grandes croisées ornées de consoles et frontons*, qui serviront d'entrée aux balustrades. Le tout sera couronné par un entablement avec acrotères.

Tout le reste du théâtre, jusqu'au huitième châssis, formera toute la place en forme circulaire, dont le fond sera occupé par le palais du Roi, composé *d'un avant-corps de colonnes* groupées au milieu avec un fronton et une coupole au-dessus. Les deux ailes de côté seront de même ordonnance que l'entrée de la place, qui se joindront à *deux pavillons ornés de colonnes qui feront symétrie* à la partie du milieu, et seront terminées par deux rues, qui auront différens bâtimens à la suite. Les mêmes soubassement et balustrade régneront tout au pourtour. Dans le milieu, il y aura deux escaliers qui monteront sur le perron de l'entrée du palais, où se placeront le Roi et la Reine et une partie de leur suite sous un pavillon. On pourra orner les balustrades de tapis.

En marge de cette description écrite à mi-page, on voit, d'une autre écriture, — probablement du duc d'Aumont, — cette mention :

Mettre un obélisque; et, à la fin, le mot *bon*.

La première impression est, sans contredit, un certain étonnement de voir ainsi représenter une place publique en Éthiopie, avec des colonnades, des frontons et des rues bordées de bâtiments. Ensuite, on peut sourire de l'idée ingénieuse du duc d'Aumont ou de sa sœur, la duchesse de Villeroy, de faire ajouter *un obélisque*, afin de donner sans doute plus de couleur locale au décor. Mais, en définitive, l'opéra de *Persée* se passe dans le domaine de la fantaisie et de la mythologie; rien ne s'opposait donc à une décoration architecturale aussi pompeuse et *noble* que fantaisiste. Il est curieux seulement d'y remarquer l'influence de Gabriel, l'architecte à la mode. Au lieu de la grande façade carrée de 1710, le palais du roi Céphée et la place qui le précède sont ornés de nombreuses colonnes et balustrades couronnées par des frontons. On se retrouve en face de l'aile Gabriel du château de Versailles et des grandes colonnades de la place de la Concorde.

Après la décoration vient la question des costumes à attribuer aux différents acteurs chargés de représenter les personnages de l'opéra. Voici, à cet égard, les instructions de Papillon de la Ferté pour le dessinateur Boquet :

Céphée, roy d'Éthiopie : le sr Gélin.

L'habit de ce roy doit être magnifique, en l'asservissant au costume *que le lieu de la scène exige* et que la royauté peut procurer; *on entend par le lieu de la scène le pays national.*

Cassiope, reine, épouse de Céphée : la dlle Dubois l'aînée.

Habit de même genre que celui du Roy et d'égale magnificence. Cassiope doit porter un diadème pour coeffure.

Mérope, sœur de Cassiope : la dlle ***.

La variété des couleurs et des ornements de ces habits nationaux doivent en faire la différence, puisqu'on

est assujetti aux mêmes formes; celui de Mérope, cependant, dépourvu des marques de dignité propre à celui de la Reine, pourrait par ce moyen n'y ressembler en aucune manière.

Andromède, fille de Céphée et de Cassiope : la dlle Arnould.

Un habit de même caractère, d'une galanterie noble et élégante, semble être celui qui conviendrait à cette princesse.

Il faudrait faire en sorte que cet habit fût le moins pesant qu'il sera possible.

Phinée, frère de Céphée, à qui Andromède a été promise : le sr Larrivée.

Habit de guerrier éthiopien traité noblement et d'une manière mâle, avec la richesse dont un habit de ce genre peut être susceptible.

Une Ethiopienne : la d^{lle} Morizet.

Cet habit, assujetti par sa forme au costume éthiopien, ne doit différer de ces habillements nationaux qu'en se servant uniquement de blanc et de beaucoup de noblesse et de simplicité dans la manière de le draper ; cette Ethiopienne étant une de celles qui doivent être bientôt consacrées à l'hymen, une couronne de fleurs de même couleur que son habit semble convenir pour sa coeffure.

Un Ethiopien : le s^r Durand.

Le dessinateur peut envisager ce personnage comme l'un des chefs du peuple, et, par conséquent, ne distinguer son habillement de celui des chœurs que par un peu plus de richesse.

Un peu plus loin, dans le même mémoire, Papillon de la Ferté indique d'une façon encore assez indécise ce qu'il entend par le costume éthiopien pour les divers quadrilles dansants :

Lutteurs éthiopiens. — Les habits antiques des lutteurs doivent être caractérisés par le nud qu'il faut conserver dans les vêtements de cette espèce sans blesser la vraisemblance *et les convenances théâtrales.*

Le prix qui paraît le mieux convenir aux vainqueurs de la lutte est une couronne de laurier pour chacun.

Ethiopiens et Ethiopiennes qui concourent pour le prix de l'exercice de l'arc. — Il faudrait imaginer pour ces habits un caractère mixte qui pût se rapprocher de celui *des habillements indiens,* et qui devînt en même tems officieux à l'exercice de l'arc. Ceux et celles qui auront remporté le prix pourraient recevoir des arcs d'yvoire garnis en or et de beaux carquois remplis de flèches dorées.

Ethiopiens et Ethiopiennes qui disputent le prix de la danse. — La première partie de ce quadrille, qui exprimera par sa danse la noblesse et les grâces, doit être vêtue d'une manière élégante, sage et agréable ; la seconde partie, qui peindra dans ses pas la légèreté et la vivacité, doit être habillée d'une façon leste et piquante ; enfin, suivant ce qu'exigent ces différents talents, *mais toutes ces deux parties relativement aux habits nationaux :* on pense qu'après ce concours pour le prix de la danse, le spectateur serait entièrement satisfait s'il voyait couronner de fleurs, sans aucune préférence, les deux parties qui auraient également réussi dans deux genres opposés.

Acteurs chantant dans les chœurs ; Ethiopiens et Ethiopiennes spectateurs des jeux. — Habits *de costume éthiopien,* et qui, pour la variété, pourraient se partager en *habits indiens ;* on pense que ces derniers seraient ceux qui conviendraient le mieux aux femmes.

A travers ces indications très vagues, en somme, pour les costumes, on discerne assurément la préoccupation de la recherche de couleur locale, puisqu'on y recommande constamment *les habits natio-*

naux, le *costume éthiopien ;* mais, pour en déterminer le caractère, le rédacteur du mémoire ne fait que conseiller de se rapprocher des *habillements indiens,* ou même de les adopter purement et simplement pour les femmes, auxquelles ils conviennent mieux, dit-il, que les éthiopiens. Que faut-il entendre

Soldat éthiopien.

exactement par là ? Quels étaient, en 1770, les costumes qualifiés *indiens* ou *éthiopiens ?* — Nous serions assez embarrassés de le dire, si la bibliothèque de l'Opéra, si riche en documents de ce genre, ne nous avait fourni plusieurs dessins originaux de Boquet, chargé par Papillon de la Ferté de la composition des costumes. Grâce à l'obligeance de M. Ch. Malherbe, le distingué conservateur de la bibliothèque de l'Opéra, nous avons pu faire prendre des fac-similés de plusieurs dessins portant, de la main de Boquet, cette mention authentique : « *Persée*, Versailles, 1770 », et, en outre, les descriptions détaillées de chaque costume. Nous en donnerons les reproductions au fur et à mesure que nous avancerons dans notre analyse de l'opéra.

Pour le premier acte, nous avons d'abord deux dessins, reproduits ci-contre, qui montrent l'aspect général des costumes adoptés comme éthiopiens et indiens, avec les légendes suivantes, écrites par Boquet, que nous transcrivons pour la commodité du lecteur :

Soldats éthiopiens. — Cuirasse moire d'acier écaillée en argent; vêtement rouge, raies d'argent; armure de moire argent avec des zigs-zags bleus; vêtement de dessous jaune et bords d'argent; culotte rouge, bas chair, amadis (1) chair, bottines jaunes.

Autres Éthiopiens comparses. — Amadis, bas et souliers chair brûlée; cuirasse moire d'acier; vêtement de toile rouge imprimée d'or; casque et cuirasse moire d'acier, turban rayé d'or et rouge.

D'autre part, d'après un document authentique des Archives nationales, voici les descriptions détaillées de certains Ethiopiens et Ethiopiennes de marque qui devront disputer le prix de la danse. D'abord, le grand Vestris, le *Diou de la danse :*

Corps, manches, draperie et tonnelet de satin bleu couvert de gaze argent, revers de satin blanc, le tout orné de satin blanc en nœuds, chenillé argent, découpures argent et pierreries.

Perruque sérieuse, coiffure sérieuse de satin blanc ornée d'argent, pierreries et plumes bronzées, collier de diamants, masque sérieux, rosettes blanches et argent; gants et bas blancs; souliers noirs.

En face de Vestris étincelant sera Mlle Guimard, dansant avec lui un pas de deux :

Corset et mancherons de glacé argent; draperie de taffetas couverte de gaze argent, rattachée par des nœuds de satin blanc et pierreries; jupe de taffetas blanc tamponnée de gaze blanche et ornée d'argent.

Boucles, ruban blanc chenillé argent et bouquet de plumes blanches pour coiffure; rosettes blanches et argent; gants, bas et souliers blancs.

Puis, le beau Dauberval :

Dolman de satin rose rayé d'argent et orné de bouffettes de gaze argent; tonnelet et manches bouffantes roses ornées d'argent; écharpe et frange argent, le tout orné de pierreries.

Perruque sérieuse, toque de satin rose rayée d'argent et ornée de pierreries et plumes blanches; collier de diamants; rosettes roses et argent; gants et bas blancs; souliers noirs.

(1) On appelait *amadis* des manches collantes.

Et en face, Mlle Mion :

Dolman de satin rose rayé d'argent; manchettes bouffantes et jupe de taffetas rose tamponnée de gaze blanche et ornée de bouffettes et découpures argent, avec pierreries par tout l'habit.

Boucles, bouquet de plumes blanches; ruban rose

Soldat éthiopien.

chenillé argent pour coiffure; rosettes roses et argent; gants, bas et souliers blancs.

Quant aux lutteurs, pour lesquels Papillon de la Ferté recommandait la nudité dans la mesure des convenances, ils seront vêtus de taffetas chair brûlée avec draperie de peau de léopard à revers de satin cerise, coiffés de toques en peau de léopard à frontons de satin cerise, avec rosettes cerise, et porteront des gants.

Voilà les Ethiopiens.

Voyons maintenant les costumes indiens. Nous

avons encore ici deux dessins originaux de Boquet avec leurs légendes de sa main :

Indien. — Fond vert, raies cerise et or ; armure d'or avec chemise cerise ombrée d'une chenille noire ; manches pendantes de gaze rayée blanche et or ; rotonde pareille, culotte cerise, amadis et pièce d'estomac chair ; gants chair, bas chair, souliers jaunes, plumes blanches et rouges.

Indienne. — Fond vert, raies cerise et or ; armure

rouge et jaune qui dominent ; le genre indien se distingue par le vert et le cerise.

Nous n'avons pas les dessins spécialement composés pour les personnages du roi Céphée, du prince éthiopien Phinée, de la reine Cassiope et des princesses Mérope et Andromède ; mais nous en avons les descriptions détaillées. Pour le roi Céphée, que l'on recommande d'*habiller magnifiquement, en se conformant à la réalité du costume national éthio-*

Indienne.

Indien.

d'or, raies cerise ; draperie cerise ombrée de chenille noire, jupe cerise ; chemise et manches de gaze rayée or et blanc ; amadis chair ; plumes blanches et rouges ; gants chair, bas et souliers blancs.

On comprend par ces descriptions, aussi bien que par les dessins eux-mêmes, combien étaient fantaisistes et conventionnels les costumes prétendus nationaux. Pour les hommes, des casaques de soie, des plumes ; pour les femmes, des jupes bouffantes et à paniers, des manches de gaze et des plumes. Le genre éthiopien paraît caractérisé par les couleurs

pien, voici ce que compose et fait exécuter Boquet :

Habit *à la grecque.* Premier vêtement de cannelé d'or bordé d'une armure de velours cramoisi brodée en or et ornée de franges d'or. Deuxième vêtement de velours cramoisi orné d'or. Culotte de cannelé d'or ; manteau à la Césarine de velours cramoisi brodé en or, doublé de peluche de soie avec queue de fausse martre, le tout orné de pierreries. Coiffure à turban de velours cramoisi orné de pierreries ; cheveux et barbe grise ; collier de diamants, rosettes cramoisi et or ; gants et bas chair, bottines d'or ; épée et bouclier.

La magnificence ne manque pas, car le velours cramoisi et l'or sont à profusion ; mais il semble que Boquet fait assez bon marché de la réalité du costume éthiopien.

Pour la reine Cassiope :

Dolman de satin ponceau rayé d'une broderie d'or et doublé d'or. Premier vêtement et draperie de satin blanc brodée en or et ornée de frange d'or et pierreries. Jupe de satin ponceau brodée en or, le tout orné de réseau or et pierreries. Un diadème or orné de pierreries, bouquet de plumes blanches ; perruque à grandes boucles, rosettes ponceau ; boucles d'oreilles et collier de perles ; gants et bas blancs ; chaussures à la grecque en or.

Mêmes indications pour Mérope, dont le rôle est confié à la petite Rosalie, sauf en ce que son dolman, sa jupe, ses manches bouffantes seront de satin bleu, et qu'elle n'aura pas de diadème.

Quant à Andromède, l'héroïne principale, qui doit être représentée par la célèbre et séduisante Sophie Arnould, on se rappelle que son habillement doit être *d'une galanterie noble et élégante, et le moins pesant possible.* En voici l'exécution :

Dolman, premier et deuxième vêtements de satin chair brodé en ramage de fleurs de paillons d'argent fin et orné de frange argent à jasmins et pierreries. Perruque à grandes boucles, bouquet de plumes blanches, perles pour coiffure, collier, rosettes chair et argent ; gants et bas blancs, chaussures argent.

Il est évident, d'ailleurs, que la forme générale de ces riches costumes féminins était la même que celle indiquée sur les dessins pour toutes les Éthiopiennes, c'est-à-dire : jupe longue à paniers et larges manches bouffantes. Il faut donc reconnaître qu'encore en 1770, malgré les tentatives d'innovation de la fameuse

La petite Rosalie.

Clairon, les chanteuses et danseuses étaient habillées suivant la mode du jour, et que les recommandations répétées de se conformer à la vérité des usages du pays où se plaçait le drame étaient absolument illusoires.

Quant aux costumes masculins, ils n'étaient pas moins de fantaisie. On a vu les dessins et descriptions des guerriers éthiopiens et de leur roi Céphée ; il est intéressant d'y ajouter le détail du superbe habillement de Phinée, le prince fiancé d'Andromède et rival de Persée, dont le rôle sera chanté par Larrivée :

Cuirasse de moire acier brodée en or. Premier vêtement : mancherons de satin ponceau fin brodés en or ; culotte de satin ponceau. Deuxième vêtement : manches bouffantes de satin vert ornées d'or. Manteau de glacé d'or doublé de satin vert, le tout orné d'or et pierreries. Perruque à cadenettes ponceau. Casque à lion doré avec turban ponceau orné de pierreries et plumes blanches. Collier chair, rosettes ponceau et or. Gants et bas chair ; bottines d'or ; sabre et bouclier dorés.

Le mémoire du *panacher*, fournisseur des plumes, spécifie que le casque est disposé *à la romaine*, et surmonté de dix-huit branches de plumes blanches à 12 livres la pièce, et d'une aigrette de faux héron du prix total de 210 livres.

Certes, le prince Phinée, coiffé d'une perruque à cadenettes et d'un grand casque doré orné de plumes, vêtu de satin rouge et vert, portant des manches bouffantes et des gants, n'a rien de particulièrement éthiopien, et ressemble à tous les héros grecs ou romains de l'Opéra. On retrouve identiquement le même costume pour le rôle de Castor, dans l'opéra de *Castor et Pollux*. Quoi qu'en ait dit Papillon de la Ferté de la nécessité de s'assujettir aux costumes nationaux de l'Éthiopie, on se borne donc, pour

2

les chanteurs comme pour les chanteuses, à suivre les anciennes traditions, et à les habiller sans

Mlle Arnould.

aucun souci ni de la vérité, ni de la vraisemblance.

On rencontre un dernier exemple très frappant de ces *convenances théâtrales* du XVIIIe siècle à propos du personnage de Méduse, qui survient, comme on se le rappelle, à la fin du premier acte, au milieu des jeux *Junoniens*, et met en déroute la foule des Éthiopiens. Il faut bien se garder de s'en rapporter pour ce costume, comme pour tous les autres d'ailleurs, à la gravure de la partition. Voici, en effet, les instructions de Papillon de la Ferté pour le dessinateur Boquet :

Méduse : la dlle Duplant.

La Fable et Quinault peignent si bien Méduse qu'il est impossible au dessinateur de ne pas composer pour ce personnage le plus beau et le plus terrible habit; il doit surtout se distinguer de ceux des deux autres Gorgones par une plus grande horreur; *les formes de ces trois habits, qui jusqu'à présent ont été semblables à celles des habillements des Furies,* doivent inspirer la terreur à leur seul aspect : on doit voir les jambes et partie du corps des Gorgones entortillées de serpents; elles en portent dans leurs mains; ceux qui forment leurs coeffures doivent être nécessairement en bien plus grand nombre sur la tête de Méduse.

Et voici l'exécution par Boquet :

Corset, manches et amadis de taffetas feuille morte, un peu jaunâtre; draperie et mancherons de satin noir avec des taches de sang, brodée en chenilles et zigzags en paillettes d'argent, et doublée de taffetas vert. Jupe de satin ponceau ornée de même, le tout chargé de serpents. Boucles noires, ruban feu et serpents pour coiffure. Rosettes feu; gants, bas et souliers couleur feuille morte.

Nous n'avons pas le dessin spécial, mais nous avons un modèle de l'*habillement de Furie* auquel on doit se conformer, et l'on y voit, avec la description qui précède, comment on réalise le programme de Papillon de la Ferté. La belle Mlle Duplant, âgée alors de vingt-quatre ans (elle était née à Versailles, à la fin de 1745), devait représenter Méduse. Bien que les danseuses eussent alors abandonné l'usage du masque, on jugea que sa jolie et

Castor.

fraîche figure ne convenait pas au rôle, et on lui imposa un masque commandé pour la circonstance chez Bignon, fournisseur des Menus. Néanmoins, malgré cette précaution, on peut penser que cette large jupe bouffante de satin ponceau ornée de paillettes d'argent, ce corsage de taffetas feuille morte, cette draperie de satin noir doublée de taffetas vert, n'étaient guère faits pour inspirer l'horreur, et semblaient peu d'accord avec le caractère du personnage.

Mais, après tout, à l'Opéra, on est dans le domaine de la convention, et il faut avouer que, même aujourd'hui, malgré la recherche si savante de l'exactitude et de la réalité, les costumes d'Hercule et de ses soldats, ou de la reine Omphale et de ses suivantes, qu'on nous présente actuellement, ne sont pas plus authentiques que ceux de Méduse, d'Andromède et du prince Phinée en 1770. La fiction n'est pas moins audacieuse aujourd'hui qu'alors; elle est seulement différente, et il n'y a de changé que les conventions ou convenances théâtrales.

Furie.

II

Au deuxième acte, la scène représente les jardins du palais du roi Céphée. On devine aisément comment les décorateurs croyaient devoir figurer des jardins royaux, même dans la capitale de l'Éthiopie : c'était en s'inspirant des modèles de Le Nôtre. Aussi voit-on, dans la partition de *Persée*, publiée en 1710, le décor du second acte montrant, au premier plan, une fontaine jaillissante, un grand vase de marbre, une statue de dieu terme, et au second plan, une charmille, un grand escalier monumental descendant de la terrasse du château qu'on voit dans le fond, le tout dans le goût des jardins de Versailles.

En 1770, Papillon de la Ferté, qui avait recommandé, pour le premier acte, que la place publique fût *de costume éthiopien*, paraît oublier lui-même, au second acte, ses préoccupations de couleur locale, car voici ses seules instructions adressées aux peintres décorateurs (de Machy pour l'architecture, Canot pour les figures, Boquet fils pour les plafonds, Baudon père et fils pour le paysage, Sarrazin et Subrant pour la perspective) :

Tout ce que l'imagination du peintre peut lui présenter de riche et d'agréable pour cette décoration de jardins, comme *treillages dorés, groupes de figures de marbre, bosquets fleuris, allées couvertes et en point de vue d'angle, cascades ornées de bronzes dorés, charmilles taillées,* tout doit être employé avec choix à former l'ensemble d'un lieu délicieux, embelli par la nature et par l'art.

Nous voilà loin de l'Éthiopie. Aussi les décora-teurs, se conformant au programme qui leur était ainsi donné, proposèrent-ils les dispositions suivantes qui furent approuvées par le duc d'Aumont :

Ces jardins sont composés d'un grand rond à double rangée d'arbres auquel aboutissent plusieurs allées, l'une desquelles est en face du palais, une autre commence à l'avant-scène et va se terminer au fond du théâtre ; elle sera vue en point d'angle, ce qui fera découvrir le palais dans l'éloignement du côté gauche. Dans les intervalles des autres massifs du rond, il y aura *des pavillons, des fontaines* et *des figures.* Les allées feront la voûte.

En marge, de la grosse écriture du duc d'Aumont, le mot *Bon* indique son entière approbation.

Dans ce gracieux décor rappelant, semble-t-il, les jardins du Grand-Trianon, on va revoir d'abord la reine Cassiope se lamentant de ne pouvoir fléchir la colère de Junon et faisant connaître à Phinée, fiancé d'Andromède, qu'elle va accepter le secours du héros grec Persée, fils de Jupiter et de Danaé. Persée a offert de tuer Méduse et le dragon auquel Andromède doit être sacrifiée, à la condition que celle-ci lui soit promise. Scène de colère et de jalousie de Phinée, qui réclame sa fiancée, et de Mérope, amoureuse de Persée. Enfin survient Persée, qui renouvelle ses serments à Andromède, et jure d'affronter tous les dangers pour la conquérir. Le costume de Persée, qui apparaît ainsi au deuxième acte pour la première fois, devra, d'après les instructions de Papillon de la Ferté, se différencier complètement de tous les Éthiopiens qui l'entoureront. Voici, en effet, les recommandations adressées au dessinateur à ce sujet :

Persée, fils de Jupiter et de Danaé, amant d'Andromède.

L'habit de Persée doit être *à la grecque*, ce fils de Jupiter n'étant point originaire d'Éthiopie; on pense qu'il conviendrait de l'habiller en guerrier, en admettant à ce caractère la richesse et la noblesse qu'il peut comporter. Il faut nécessairement que ce personnage porte une écharpe, pour lui servir à cacher la tête de Méduse après l'avoir coupée.

Comment Boquet interprète-t-il ce programme? Nous n'avons pas son dessin, mais la description est suffisante :

Cuirasse de moire acier brodée en argent; vêtement de velours bleu brodé en argent et orné de pierreries; mante de glacé argent doublée de blanc et brodée en chenille bleue; culotte de velours bleu. Casque à lion argenté surmonté d'un panache blanc. Perruque à cadenettes, rosettes bleues et argent; collier; gants et bas chair. Souliers bleus à la grecque, avec festons et lassures bleues et argent. Écharpe bleue, épée et bouclier.

Comme pour Phinée, le mémoire du *panacher* ajoute ce détail :

Grand casque *à la romaine* de dix-huit branches de plumes blanches belles, à douze livres pièce, et aigrette de faux héron . . . . 210 livres.

En somme, ce qui distingue le héros grec du prince éthiopien, c'est la couleur bleue et les ornements d'argent de son habillement, tandis que l'autre est vêtu de satin rouge et vert avec ornements d'or. Pour le reste, même cuirasse de moire acier, même grand casque à la romaine surmonté de plumes blanches, même manteau brodé, même perruque à cadenettes. La différence d'origine des deux personnages n'est donc signalée que d'une façon très conventionnelle.

Nous arrivons à la partie féerique de l'opéra, et c'est ici que les machines d'Arnoult devront commencer d'émerveiller le public. En effet, à la fin du duo d'amour de Persée et Andromède, au moment où le héros se précipite pour aller combattre Méduse, tout à coup Mercure sort d'une trappe au milieu de la scène, et annonce à Persée que Jupiter s'intéresse à lui et va lui envoyer des armes. Aussitôt apparaissent, par plusieurs grandes trappes, des troupes de Cyclopes et autres divinités infernales envoyés par Pluton, et de Nymphes guerrières envoyées par Pallas, qui apportent à Persée un casque, une épée, un bouclier et des *talonnières ailées* semblables à celles de Mercure. On peut juger de l'importance des machines à installer par ce passage du mémoire remis au duc d'Aumont :

Il faut que la divinité infernale chantante et les divinités infernales dansantes sortent des enfers par une trappe du fond du théâtre, *qui puisse contenir au moins neuf personnes;* les messieurs des chœurs, dont la moitié sera habillée de ce même caractère, monteront aussi de dessous le théâtre par les trappes des côtés, et *tous paraîtront ensemble.*

On fera sortir par les trappes des sixième et huitième châssis, *par des pentes qui se croiseront, tous les acteurs du chœur et de la danse*, ce qui fera un contraste qui couvrira tout le théâtre.

Ces dispositions sont approuvées par le duc d'Aumont, qui écrit en marge : *Bon.*

Tous les figurants du chœur et de la danse, com-

Divinité infernale.

prenant plus de cent personnes, on voit quelles devront être la complication et la puissance des trappes à faire manœuvrer, à l'aide de contrepoids et de plateaux mobiles.

Voyons maintenant quels sont les costumes à confectionner pour ces nombreux personnages qui vont danser un ballet nouveau intercalé dans l'opéra.

Voici le programme donné au dessinateur :

Mercure. — L'habit de Mercure est trop connu pour en faire ici le détail; on croit cependant que le génie du dessinateur pourrait, sans altérer ce qui caractérise ce dieu, trouver le moyen de rendre l'effet de cet habillement plus pittoresque qu'il ne l'est ordinairement.

Un Cyclope : le sr Durais. — Habit d'un caractère usité au théâtre et dont le marteau attaché à la ceinture du tablier est l'attribut principal.

Une Nymphe guerrière de la suite de Pallas, qui présente à Persée, de la part de cette déesse, un bouclier de diamants : *la dlle Le Monier.*

Un habit de guerrière du genre de celui sous lequel

deur de Pluton, qui envoie un présent au fils de Jupiter : il semble que, sans dénaturer entièrement les masses qui constituent le caractère de cet habit, on peut le rendre riche, noble, enfin très beau, en évitant de le rendre effrayant. Si l'on veut observer le moment où paraît cette divinité infernale et la circonstance qui l'amène, on s'apercevra facilement qu'en prenant le parti qu'on propose, on se conformera certainement à l'intention du poète.

Divinité infernale.

Divinité infernale dansante.

on dépeint Pallas, *en ayant attention de ne le point retrousser,* est celui qui convient à ce personnage dont la coëffure doit être un casque ; une pique à la main de cette guerrière la caractériserait encore.

Une Divinité infernale qui apporte à Persée, de la part de Pluton, un casque qui a la vertu de rendre invisible : *le sr Cuvillier.*

Ces sortes d'habillement ayant lieu dans la plupart des tragédies lyriques, on ne s'attachera qu'à exhorter *à sortir de la route ordinaire* dans la composition du dessin de celui-ci, pour lequel on peut employer la magnificence convenable à donner une idée de la gran-

Que fait Boquet pour sortir de la *route ordinaire ?* — Il semble vouloir multiplier les broderies, les ornements d'or et d'argent. D'abord, Mercure :

Corps, amadis et culotte de taffetas chair ; draperie en satin bleu brodée en rayures de paillettes d'argent ; petite mante de satin blanc doublée de gaze d'argent. Coiffure ailée en argent, cheveux avec allonges, caducée, etc...

Puis, la divinité infernale masculine chantante, que représentera le beau Cuvillier, de l'Académie royale de musique. Pour lui, nous avons le dessin spécialement composé par Boquet, avec la légende suivante écrite au-dessous, de la main de ce dernier :

Corps, amadis, bas, souliers, culotte : chair brûlée très brune ; vêtement noir, armure en zigs-zags d'or ; mante ponceau ; armure d'or ; doublure verte ; rotonde et grandes manches ponceau ; lassures noir et or ; perruque noire, point de coiffure.

Ensuite viennent les danseurs et danseuses, non moins richement habillés. Voici un Cyclope, que doit figurer Gardel, le jeune émule de Vestris, son futur successeur, apôtre érudit de la danse classique, professeur et écrivain convaincu de sa science :

Corps, manches et culotte : chair abricot. Draperie de satin brun rayé d'or. Tablier de taffetas jaune. Bonnet noir, toque brune rayée d'or et ornée de plumes bayoques (couleur cuivre), masque de Cyclope ; gants, bas et souliers chair abricot.

Les mémoires des fournisseurs (1) nous apprennent qu'il y aura dix-huit Cyclopes habillés de même, pour lesquels Bignon fabrique dix-huit masques ; Charny, sculpteur, modèle dix-huit *ails* que Boquet peint à raison de vingt sous par œil.

Après un pas seul dansé par Gardel, et un ensemble de tous les Cyclopes, viendra une divinité infernale que représentera Dauberval, autre émule de Vestris, protégé intime de la comtesse du Barry,

(1) Archives nationales, O¹ 2895.

maître de danse préféré de toutes les grandes dames, héros de mille aventures galantes :

Corps, mancherons et draperie en glacé d'or, ornée de rosettes et armures noir et or ; revers de satin ponceau ; culotte d'or ; amadis de taffetas chair brûlée ; manches bouffantes et tonnelet de satin noir orné et doublé d'or. Perruque à cadenettes, coiffure de satin noir ornée d'or, plumes noir et feu ; collier chair brûlée, rosettes noir et or. Gants, bas, souliers chair brûlée.

Il dansera un pas de deux en compagnie de la demoiselle Asselin, figurant aussi une divinité infernale dansante, « habillée de satin noir relevé de bouffettes d'or, avec draperie brodée d'or, doublée de vert ; mante d'or doublée de rouge, jupe rouge ».

Comme toujours, on le voit sur le dessin de Boquet, les danseuses porteront la robe longue à paniers, laissant à peine voir les pieds, et l'on se rappelle l'avis relatif à la Nymphe guerrière, de faire attention *que sa jupe ne soit pas retroussée*.

Tous ces personnages qualifiés infernaux ayant fini d'équiper Persée, celui-ci, conduit par Mercure, devra s'envoler dans les airs avec lui, *du côté du Roi, à la troisième coulisse*. Pour cette gymnastique périlleuse, il est prescrit que deux *comparses voltigeurs* se substitueront habilement aux chanteurs Legros et Muguet, représentant Persée et Mercure, qui se retireront par la coulisse, tandis que leurs Sosies *s'envoleront transversalement*.

Ainsi finira le second acte.

III

Au troisième acte, la machinerie se complique encore, et l'on va voir qu'au xviiie siècle, les *effets* qu'on obtenait, avec des moyens mécaniques probablement moins perfectionnés, n'étaient guère inférieurs à ceux qu'on produit de nos jours.

La scène se passe dans l'antre sauvage servant de demeure à Méduse et aux deux Gorgones, ses compagnes. Après un beau trio dans lequel ces trois monstres expriment leur rage et la jouissance cruelle qu'elles éprouvent à épouvanter les humains, on voit apparaître Mercure qui, semblant compatir à leur triste destinée, leur conseille de dormir pour oublier leur colère, et appelle à son aide les divinités bienfaisantes qui donnent le sommeil. Ici, l'on ajoutera encore à la partition de Lulli, d'une façon assez malheureuse suivant nous, un chœur et un ballet nouveaux, chantés et dansés par les *ministres du Sommeil*.

Méduse et les Gorgones étant bien endormies, Mercure introduit Persée, l'invite à profiter de l'occasion, et s'esquive. Bien vite, Persée tranche la tête de Méduse et l'emporte cachée dans son écharpe. Mais, au bruit qu'il fait, les Gorgones se réveillent et s'élancent pour punir le meurtrier, invisible à leurs yeux grâce au casque magique que lui a donné Pallas. Au même moment, une foule de bêtes monstrueuses *rampantes et volantes*, parmi lesquelles on remarque Pégase et Chrysaor, surgissent subitement du sang de Méduse. Enfin Mercure redescend du ciel, protège la retraite de Persée qui s'envole,

tandis qu'il entraîne les Gorgones dans les profondeurs des enfers. Voilà le troisième acte !

Sur ce simple exposé sommaire, on juge déjà de ce que l'on avait à demander au grand machiniste Arnoult et aux décorateurs. Voici d'abord ce que Papillon de la Ferté propose :

Décoration de rochers avec plafonds et terrains de même espèce ; trois rochers, l'un du côté du Roi, et les deux autres du côté opposé, vers la seconde ou la troisième coulisse, et qui se relieront avec les châssis faisant partie de la décoration, serviront à asseoir les Gorgones lorsqu'elles s'endormiront. Il est nécessaire que le rocher qui sera du côté du Roi soit mobile afin qu'on puisse le retirer aussitôt que Persée aura coupé la tête de Méduse ; les deux autres rochers ne disparaîtront qu'au changement de théâtre du troisième acte au quatrième. Il faudrait aussi pratiquer des issues apparentes par la peinture dans les plafonds de ce local, aux endroits par lesquels passeront les différents *vols* d'obligation dans cet acte ; l'attention qu'on propose d'avoir à cet égard conserverait la vraisemblance en évitant de faire percer des voûtes de rochers par ces vols.

On doit se persuader que le genre de beauté qui convient à cette retraite des Gorgones consiste particulièrement à rendre l'aspect de ce lieu le plus horrible et le plus effrayant qu'il sera possible. On pense que, pour ajouter encore à la terreur du spectateur, on pourrait placer pittoresquement dans cet antre quelques-uns des malheureux déjà transformés en rochers par l'effet funeste des regards de Méduse.

Tel est le programme général de la décoration. La gravure reproduite ci-dessus, extraite de la partition de 1710, montre les dispositions adoptées à cette époque. On va voir que les décorateurs de 1770 crurent devoir y apporter quelques modifications. Voici en effet le détail technique de ce qu'on nomme au théâtre *la plantation du décor* :

Elle sera composée de cinq châssis de chaque côté et la ferme (1) au sixième, et trois gros piliers isolés qui en soutiendront les voûtes et formeront des fuites qui se perpétueront en éloignement sur la ferme ; un autre sur le châssis du cinquième du côté gauche. Disperser des ciels au troisième et au cinquième ; deux rochers en forme de sièges aux deuxième et troisième châssis pour coucher les Gorgones, du même côté ; l'autre siège de rocher du côté du Roi, sur lequel se met Méduse, avec une élévation pour poser sa tête, et, au moment que Persée met son bouclier au-devant, elle la passe derrière : ce qui fait l'illusion.

Jusqu'ici, l'œuvre des peintres décorateurs est assez facile, mais l'on arrive au *divertissement* intercalé dans l'opéra, au moment où Mercure invite perfidement Méduse et les Gorgones au sommeil. Il faut alors faire descendre du ciel choristes, danseurs et danseuses représentant les *ministres du Sommeil* et leur faire place sur la scène.

Comment cette apparition se produira-t-elle ? — Le voici :

A la fin de la seconde scène, pendant le trio des Gorgones qui commence par ces vers : *Non, ce n'est que pour la colère que nos cœurs malheureux sont faits...* les ministres du Sommeil paraissent *sur des vapeurs où ils sont placés pittoresquement, et en descendent.*

Pendant la scène troisième, ces vapeurs demeurent en place tant que dure le divertissement, et, à la fin du dernier air de danse, les vapeurs et ceux qu'elles ont apportés disparaissent par le même moyen qui les aura fait paraître. Si le sieur Arnoult préfère les chœurs à la danse pour les placer sur la machine en question, il en est absolument le maître, et même si c'était une partie des chœurs qui occupât cette machine, ces acteurs pourraient n'en point descendre. Il est à observer que les vapeurs ne doivent point cacher les trois rochers sur lesquels s'endormiront les Gorgones.

Le rédacteur du mémoire ajoute dans une colonne d'observations :

Pour rendre les vapeurs des ministres du Sommeil analogues au charme qui résulte du pouvoir de ces divinités, on pense qu'il serait convenable de peindre sur ces vapeurs des oiseaux nocturnes, comme chauves-souris, hiboux et autres oiseaux de cette espèce, avec de grosses guirlandes de pavots. C'est tout ce qu'on imagine à cet égard, et certainement le talent distingué des décorateurs fait présumer avec justice que leur imagination ira plus loin que ce qu'on propose.

Malgré le talent des peintres et l'habileté des machinistes, il était fort difficile de faire descendre du

ciel des nuages chargés de plus de soixante figurants, comme le demandait Papillon de la Ferté, sans obstruer la scène et sans gêner la manœuvre des *vols* nécessaires et des trappes. En effet, le même mémoire indique un peu plus loin que les choristes seuls faisant partie des *ministres du Sommeil* seront au nombre de trente-quatre (dont vingt-quatre femmes et dix hautes-contres, (1), et les

Un chanteur (ministre du Sommeil).

danseurs encore plus nombreux. D'autre part, il était spécifié que non seulement Persée, mais encore les monstres ailés Pégase et Chrysaor devraient s'envoler transversalement, et qu'au même moment, Mercure, les deux Gorgones et les monstres rampants s'enfonceraient sous le théâtre pour aller aux enfers.

Dans cette situation compliquée, le machiniste Arnoult fait observer qu'il faudra dissimuler *la roue du vol de Persée* qui occupera *du quatrième au sixième châssis*, ainsi que *les autres vols* placés *entre le troisième et le quatrième*, ce qui rend impossible l'exécution du programme de la descente de toutes les nuées portant les *ministres du Sommeil* chantants

---

(1) On appelle *ferme* une partie de décor montée sur châssis, se tenant debout sur la scène, et formant ordinairement le fond.

(1) On sait que la haute-contre était une voix de ténor très élevée qu'on ne rencontre plus guère.

3

et dansants. On imagine alors de diviser en deux parties ces *vapeurs légères*, et d'en faire monter la moitié de dessous la scène. Le duc d'Aumont se résigne, et écrit en marge le mot *Bon*, en ajoutant, avec une orthographe de grand seigneur : *Vapeurs de dessous formant des groupes des chœurs ; vapeurs de dessus qui s'y joindront.*

En outre, il est convenu que Persée s'envolera, comme d'habitude, à l'aide d'une grande roue habilement dissimulée, qui, en tournant d'un quart de

tissement de cet acte, et qui sont d'un genre neuf au théâtre, ne doivent point être ceux qu'on connaît pour les songes ; les personnages qu'on introduit dans ce moment sur la scène sont uniquement des êtres subordonnés au Sommeil et chargés d'exécuter ses ordres ; ainsi, ce qui en étoffe peut être le plus vaporeux et le plus léger paraît convenir de préférence à rendre l'idée qu'on s'est formée de ces habillements qui ne doivent point être dépourvus de l'agrément dont ils sont susceptibles, mais sans déroger toutefois au caractère sourd qu'ils doivent conserver, même dans le choix des cou-

Demoiselles du chœur (ministres du Sommeil).

cercle, l'élèvera jusqu'au ciel. Pégase et Chrysaor seront enlevés de même d'un autre côté. Quant à Mercure, aux Gorgones et aux monstres rampants, ils disparaîtront au milieu du théâtre, dans une grande trappe s'ouvrant *entre le deuxième et le troisième châssis.*

La machinerie étant ainsi réglée, et il faut avouer qu'elle offrait de sérieuses difficultés, il reste à décider les costumes des nouveaux personnages de ce malencontreux chœur et ballet du Sommeil. Voici comment s'en explique Papillon de la Ferté dans son mémoire au duc d'Aumont :

Les habits qui conviennent à la danse pour le diver-

leurs ; ils pourraient être ornés de quelques pavots qu'on emploierait aussi dans les coiffures, mais avec ménagement. Quant à la forme convenable à ces habits, c'est au génie à l'indiquer et à la réflexion à la fixer...

... Les habits des chœurs doivent être semblables en tous points à ceux de la danse.

Quels furent ces costumes allégoriques qui devaient faire penser au sommeil sans ressembler aux songes ? — Nous possédons quatre des dessins de Boquet portant ces mentions de sa main : *Persée, Versailles, 1770. Ministres du Sommeil.* Nous en reproduisons ci-contre les fac-similés en analysant les légendes qui sont peu facilement lisibles. Un chanteur, désigné comme haute-contre, est coiffé d'une couronne de pavots ; son habillement est indiqué de couleur *gris ardoise tendre*, et recouvert d'un *nuage de gaze brune* ; les manches collantes, gants, bas et souliers *chair tendre*. Il sème des fleurs de pavots autour de lui.

Les demoiselles du chœur portent la large jupe bouffante garnie de guirlandes de pavots, le corsage de taffetas, les manches bouffantes, le tout de couleur gris ardoise.

Les danseurs seuls ont la petite tunique courte laissant voir les jambes. Gardel, qui doit danser un pas de deux, aura un habillement de satin blanc et gaze brune, et sera coiffé d'un haut bouquet de plumes.

Sa partenaire sera la célèbre Guimard, qui pendant vingt-sept années, de 1762 à 1789, fut la reine de la danse. Dès 1770, ses grâces mignardes, son charme, son esprit avaient ensorcelé tout Paris, et le luxe inouï qu'elle déployait dans ses toilettes, ses voitures, son hôtel de la Chaussée d'Antin montraient les folies qu'elle inspirait. Voici la description de son costume comme *ministre du Sommeil* dans son pas de deux avec Gardel :

Robe légère à grandes manches de satin blanc, ornée de pavots et bouillons de gaze brune et blanche. Pièce et amadis de taffetas chair tendre, jupe de taffetas blanc ornée de nuages de gaze brune et blanche avec guirlandes de pavots artificiels. Boucles, ruban blanc et pavots pour coiffure, rosettes blanches, gants, bas et souliers chair.

Après le chœur et le ballet, qui devront, suppose-t-on, égayer un peu la scène trop sombre de l'antre des Gorgones, il faudra frapper d'effroi les spectateurs par l'apparition terrifiante des monstres surgissant tout à coup du sang répandu de Méduse. Vingt figurants habillés de rouge des pieds à la tête, portant des masques de bêtes fantastiques avec barbes en crin rouge, grandes ailes ou queues de poisson dans le dos, feront des monstres volants et rampants. En outre, le sculpteur Charny composera quatre gros monstres de carton qui seront peints par Boquet à raison de 45 livres chaque, et plusieurs douzaines de serpents de différentes grandeurs. Enfin, comment représentera-t-on Pégase et Chrysaor, qui doivent s'envoler au milieu du théâtre ? — On raconte qu'en 1682, lors des brillants débuts de *Persée* à Versailles et à Paris, les comédiens du Roi eurent l'idée d'en profiter en reprenant la tragédie d'*Andromède*, de Corneille, avec un grand luxe de mise en scène. Ils imaginèrent de faire représenter Pégase par un vrai cheval vivant dressé à hennir et à prendre au commandement des airs furieux convenant à son rôle. Cette innovation eut, paraît-il, un grand succès. Néanmoins, en 1770, le duc d'Aumont et Papillon de la Ferté, bien que recherchant toujours le naturel et la vraisemblance,

se contentent d'un Pégase de bois, et se préoccupent seulement de ce que trop souvent les monstres à la scène sont plutôt grotesques et risibles qu'effrayants. Aussi lit-on ceci comme programme à suivre :

Chrysaor doit être représenté par un comparse voltigeur ; le cheval Pégase peut être de ronde bosse, ou peint sur une devanture, au choix du sieur Arnoult.

Par rapport aux monstres rampants, il paraît impor-

Un danseur (ministre du Sommeil).

tant d'apporter le plus grand soin à cette partie du spectacle jusqu'à présent négligée, et qui a toujours produit un effet absolument contraire à celui de l'horreur.

Arnoult répond sur son mémoire :

Le cheval Pégase est au magasin ; il est à raccommoder ; il est de ronde bosse.
Chrysaor, par un voltigeur.
Deux ou trois monstres à faire.

Et le duc d'Aumont ajoute seulement en marge :

Que la figure de Chrysaor *ne soit pas ridicule*, et qu'elle tienne un peu de l'humain.

Enfin l'on voit que Charny, sculpteur, est chargé de restaurer le cheval Pégase, et que Boquet le repeint ainsi que Chrysaor, moyennant 30 livres chaque.

Telles sont les dispositions pour le troisième acte.

# IV

Les quatrième et cinquième actes de l'opéra de
Lulli avaient été, on se le rappelle, raccourcis par
ordre supérieur et fondus en un seul. C'était une
petite économie de mise en scène. Néanmoins, les
décorateurs et machinistes devaient s'apprêter à
faire des prodiges pour ce grand tableau final.

Le drame va se dérouler sur le rivage de la mer,
bordé de gros rochers. Au début, la mer est calme,
et les Ethiopiens rassemblés célèbrent la victoire de
Persée sur Méduse et l'heureuse disparition de cette
horrible déesse. Mais les flots s'agitent, la tempête
éclate, Junon exige le sacrifice d'Andromède qui
doit être livrée en pâture au dragon. Andromède se
dévoue, des Tritons apparaissent, l'entraînent, l'at-
tachent à un rocher, et le monstre marin s'approche
pour la dévorer. Alors, du haut du ciel, surgit
Persée, qui fond sur le dragon, réussit à le tuer,
après un combat prolongé, et ramène Andromède.
Persée n'est pas au bout de ses peines, car Phinée
survient à la tête de ses guerriers éthiopiens, pour
le massacrer et lui reprendre Andromède. La bataille s'engage entre les partisans des deux rivaux,
mais Persée sort de dessous son écharpe la tête de
Méduse, et ses adversaires restent subitement immo-
biles, transformés en blocs de pierre. Là-dessus,
changement à vue, la mer et les rochers disparaissent et sont remplacés par le Palais de l'Amour
et des Grâces où Persée conduit Andromède. Pour
terminer l'opéra, les surintendants de la musique
ont introduit ici encore un ballet nouveau avec des
chœurs et une allégorie galante à l'adresse de la
jeune Dauphine.

Il y avait beaucoup à faire, comme on le voit,
pour le machiniste en chef Arnoult, aussi bien que
pour les peintres décorateurs.

D'après la gravure de 1710, reproduite ci-dessus,
le décor présentait alors, à gauche du spectateur,
les hauts remparts de la ville dominant la mer, et, à
droite seulement, les rochers sur lesquels Andromède était attachée. Une autre gravure, datée de
1722, qui se trouve à la Bibliothèque de l'Opéra,
offre une autre disposition : à gauche se suc-
cèdent une série de pointes de rochers sur lesquels
se groupent les Ethiopiens et, à droite, un gros
rocher unique se prolonge jusqu'au milieu du
théâtre, en formant une large arcade sous laquelle
passent les flots de la mer, et une sorte de pilier
naturel sur lequel est placée Andromède. Cette
dernière disposition fut préférée en 1770. En voici
le programme général dans le mémoire de Papillon
de la Ferté :

Cette décoration doit former le plus beau et le plus
intéressant tableau qu'on puisse voir sur le théâtre de
l'Opéra, surtout au moment qu'Andromède, attachée à
un rocher avancé dans la mer, est exposée au monstre
qui la doit dévorer. Tous les Ethiopiens, tant peuples
que guerriers, accourent pour être les témoins de ce
funeste événement, et montent sur deux chaînes de
rochers qui débordent un peu les ailes du théâtre jusque
dans le fond, et sur lesquelles ces Ethiopiens se groupent dans des attitudes de douleur. Il faut aussi qu'ils
puissent descendre de dessus ces rochers après que le

péril d'Andromède est passé. *La mer doit être mouvante.* Au moment qu'elle s'irrite, *ses flots s'élèvent et s'étendent sur le rivage,* comme ils s'abaissent et se retirent après la défaite du monstre que Persée tue. Des Tritons, que des trappes ont fait paraître sur la mer et qui descendent ensuite sous les flots, ajoutent encore à la vérité, à la grandeur et à la variété de ce superbe tableau.

Tout ceci n'est encore qu'une partie des beautés que procure au décorateur le programme de Quinault dans cet acte merveilleux : on va tâcher de donner une idée successive de la progression de cet étonnant spectacle jusqu'à la fin de l'opéra.

A la scène deuxième, la mer s'irrite, les flots s'élèvent et s'étendent sur le rivage après ces vers de Phinée :

> Et pour moi quelle rage
> Et quel horrible désespoir.

A la scène troisième, les Éthiopiens, tant guerriers que peuples, se placent sur les rochers après ces vers chantés par un Éthiopien et par le chœur :

> C'est sur ces bords qu'au monstre on la doit exposer,
> Pour son secours, Persée en vain veut tout oser,
> O ciel inexorable!
> O malheur déplorable!

Il est nécessaire que les guerriers éthiopiens, armés de sabres et de boucliers, soient représentés par des soldats compars, à cause du combat de la fin de cet acte : le nombre de ces combattants doit être de trente, y compris deux officiers.

Voici l'exécution combinée par Arnoult :

Le côté du Roi sera occupé par une chaîne de rochers qui commenceront à l'avant-scène et iront se perdre en s'élargissant jusque sur le châssis de ciel du huitième; ils viendront en pente en adoucissant pour que le peuple puisse être dessus par différents degrés d'élévation et former des groupes. Le rocher d'Andromède sera placé au quatrième, isolé des autres à environ douze pieds du milieu pour le voir de toute part. L'autre côté sera la même suite du rocher jusqu'au sixième, qui s'avancera dans la mer, et formera une voûte sur laquelle seront placés les peuples, à la suite de ceux qui sont sur les rochers. La mer commencera au terrain du troisième châssis jusque sur l'horizon.

Déjà cette mer *mouvante,* tantôt calme, tantôt irritée, dont les flots devaient s'élever et s'étendre sur le rivage, exigeait du machiniste des soins fort délicats. Mais voici que du sein de cette mer devenue furieuse vont surgir, en divers endroits, quinze Tritons, dont trois, « compris le Triton chantant, sortiront plus en avant, auprès du rocher d'Andromède, pour l'aller prendre et revenir l'y attacher ». Il faut donc disposer les flots de façon que les Tritons aient l'air de les traverser en emportant Andromède jusqu'au rocher isolé où ils doivent l'enchaîner. Alors, le monstre marin apparaît.

Ici se renouvelle la sage recommandation de Papillon de la Ferté à propos des bêtes rampantes et volantes du troisième acte :

Il faut, écrit-il, pour l'effet de ce monstre, avoir la même attention que pour ceux du troisième acte. On observera même que l'instant où il paraît, et la situation dont, pour ainsi dire, il fait partie, doivent engager à redoubler de soins dans une circonstance aussi importante au succès d'une action du plus grand intérêt.

Arnoult répond sur son projet :

Le monstre est à faire à neuf.

Il y donne tous ses soins, car on lit d'abord dans le mémoire du sculpteur Charny :

Avoir fait un gros monstre marin, modelé, cartonné en papier étoilé, avoir fait deux pattes de devant, une arête sur le dos et une queue, l'avoir fait ajuster à Versailles sur son bâtis . . . . 250 l.

Puis, dans le mémoire du ferblantier Lecomte, les amusants détails suivants (1) :

Avoir garni un grand monstre en écailles de fer blanc, creusé les écailles faites au marteau pour les former semblables à celles de poisson, percé des trous à chaque coquille, en avoir fait de différentes grandeurs, les avoir cousues sur le dit animal depuis la tête jusqu'à la queue, se croisant l'une sur l'autre, le tout ajusté avec précaution; pour ce . . . . . . 115 l.

Plus, fait deux tuyaux avec un ressort dans chaque, et une plaque pour les attacher dans la tête du monstre, afin de contenir une bougie et éclairer en face des yeux garnis de deux boudins de verre et fer blanc que j'ai fournis pour mettre aux yeux du monstre, les avoir attachés avec sujétion et cousus dans la tête; pour ce . . . . 14 l.

Plus, avoir garni le dedans de la machine en fer blanc, ajouté les plaques avec sujétion selon la forme du carton, et cousu en fil de laiton; fait plusieurs crocs gros d'un côté, venant en pointe de l'autre bout, en avoir posé en haut et en bas de la machine, et soudé sur des morceaux de fer blanc; pour ce. . . . . 18 l.

On voit d'ici cet animal fantastique entièrement couvert d'écailles brillantes, hérissé du haut en bas de crocs aigus, les yeux flamboyants, et ressemblant, d'après les gravures de 1710 et 1722, au dragon du grand bassin qui domine la pièce d'eau de Neptune, à Versailles. Les spectateurs ne pourront manquer d'en éprouver un frisson d'épouvante.

A ce moment, Persée descendra du ciel en volant et attaquera le dragon. Papillon de la Ferté s'en rapporte à Arnoult pour régler cette manœuvre délicate, et il se borne à dire :

On croit que, pour l'exécution de ce vol, il faudra trois comparses voltigeurs; c'est au sieur Arnoult à décider par rapport à cet objet.

Le gracieux ténor Legros, destiné au rôle de Persée, ne se serait pas soucié de se livrer à des exercices aussi périlleux, exigeant d'ailleurs des aptitudes spéciales. Trois gymnastes de métier sont

---

(1) Arch. nat., O¹ 3116.

désignés pour se substituer successivement à Persée, dans l'ordre que voici :

Le premier Persée part du ciel du côté du Roi, et lance sa javeline au monstre très proche de lui, et se perd ensuite dans les nues; le deuxième part du même endroit, et fond en demi-cercle à coups de sabre sur la tête du monstre, et se relève ensuite, en tournant par trois fois, pour chercher son avantage. Pendant ce temps, le monstre va et vient et semble le chercher. Quand il est tué, il s'enfonce dans la mer. Persée s'enlève en rond et va se poser derrière le rocher d'Andromède, en fondant dans une trappe. L'acteur est placé derrière le rocher, qui monte sur-le-champ par un gradin à son extrémité. Il se trouve isolé pour défaire les chaînes d'Andromède, ce qui fera un tableau agréable.

Les Tritons rentrent dans la mer.

Ce combat singulier où Persée, à trois reprises, devait s'enlever en tournoyant pour fondre de nouveau sur le dragon, présentait d'autant plus de difficultés qu'on risquait de tomber dans le ridicule en rappelant une parodie célèbre de la même scène. On pouvait se souvenir encore du succès de fou rire d'une pièce de Piron, appelée *l'Endriague*, mise en musique par Rameau, dont c'était la première œuvre dramatique, et qui était la parodie bouffonne de *Persée*. On y voyait le chevalier errant *Espadavantavellados* qui, pour sauver la belle Grazinde (Andromède), livrait un combat furieux au monstre marin, représenté par un énorme crocodile, mis en mouvement par quatre hommes cachés dans ses pattes. Le brave chevalier, l'épée haute, sautait dans la gueule du monstre, sortait par l'autre orifice, et recommençait trois fois la même prouesse à la grande joie du public. Tout Paris était allé voir cela à la foire Saint-Germain. Il fallait prendre garde d'en réveiller le souvenir, et de faire rire les spectateurs au lieu de les terrifier par les évolutions de Persée,

se précipitant, à trois reprises, sur le monstre.

Ce n'était pas tout : après la délivrance d'Andromède, et la disparition du monstre et des Tritons qui devaient s'enfoncer sous les ondes très lentement, et jusqu'à ce qu'on les ait entièrement perdus de vue, venait la bataille provoquée par Phinée et ses partisans.

Les guerriers du parti de Phinée, dit le mémoire de Papillon de la Ferté, doivent être au nombre de soixante-quatre combattants, représentés par des soldats comparses; quatre officiers sont compris dans ce nombre.

Enfin, dernier changement à vue ainsi décrit :

Après la mort de Phinée, Vénus, l'Amour, l'Hymen et Hébé descendent du ciel groupés sur des nuages. Les nuages doivent être traités et ornés de la manière la plus élégante et la plus voluptueuse; les acteurs en descendent et aussitôt les nuages disparaissent. Le théâtre change et représente le Palais de l'Amour. Cette décoration doit inspirer au génie tout ce qui peut concourir au plus bel effet théâtral par l'étendue qu'on peut y donner à la fin du spectacle, et par la noble magnificence jointe à la galanterie dont elle est susceptible, puisque c'est le Palais de l'Amour. Un trône isolé à deux places assez élevées, et au milieu du fond du théâtre, pour placer l'Amour et Hébé, doit encore ajouter à la pompe et à l'agrément de la fête allégorique qui se passe dans ce lieu : on désire que le trône soit isolé, afin que les Plaisirs, les Grâces, les Ris et les Jeux qui formeront le ballet puissent, en l'entourant, enchaîner et couronner de fleurs l'Amour et Hébé.

Un peu plus loin, Papillon de la Ferté termine par cette réflexion au sujet d'Hébé, déesse de la Jeunesse, dont on pensait faire le portrait allégorique de la jeune Dauphine Marie-Antoinette :

On croit que ce personnage peut être admis à la fin de *Persée*, et que cette addition, *convenable à la circonstance*, ne sera pas déplacée. Il est certain que l'union de la déesse de la Jeunesse avec l'Amour par l'Hymen donnerait lieu *à un pas de trois* agréable, ingénieux et *analogue à l'objet de la fête d'un si grand jour*.

Comment Arnoult conçut-il le projet de cette décoration merveilleuse? — Le voici :

Elle sera composée d'un groupe de nuages très brillants, avec des Amours et des Zéphirs dans tout le contour de la voûte, qui répandront des fleurs. Il occupera le théâtre depuis le premier châssis jusqu'au sixième. Quand il sera à peu près à la moitié de la hauteur du théâtre, il s'ouvrira par le milieu. Le Palais de l'Amour paraîtra peu à peu dans toute sa grandeur. Il contiendra depuis le sixième châssis jusqu'au fond, et toute la largeur du théâtre. Il formera un plan-rond, avec une double galerie d'ordre composite; une coupole au-dessus. A travers les arcades, on découvrira au milieu plusieurs appartements plus éloignés à droite et à gauche de la grande galerie, en point d'angle. Le tout sera soutenu par la suite des mêmes nuages qui seront répandus sur toute la décoration, et porteront toute la suite de l'Amour et de Vénus sur différents plans. Toute la décoration sera couleur de rubis-balais; les ornements d'argent garnis de diamants; le pavillon qui sera porté par des Amours, au milieu de la coupole, sera de gaze d'argent et rose.

Au bas, et en marge de cette description, le duc d'Aumont écrit : *Bon*, et ainsi se trouve arrêtée la composition de ce décor final.

Pour les costumes, on connaît ceux des Ethiopiens, de Persée, de Phinée, de Céphée, Cassiope et Mérope; il n'y était rien changé. Quant à Andromède, il y a lieu de se demander comment, étant vêtue d'une jupe longue à paniers, elle pourra être, sans invraisemblance, entraînée par les Tritons dans la mer, et attachée à un rocher pour être livrée au dragon. Il n'est pas douteux pourtant que les *convenances théâtrales* de l'époque n'auraient pas permis de présenter au public une actrice en maillot offrant les apparences de la nudité. La gravure servant d'en-tête au quatrième acte de la partition est donc ici encore évidemment fantaisiste, quant au costume d'Andromède. D'autre part, le mémoire de Papillon de la Ferté, après avoir décrit au premier acte *l'habillement* destiné à Sophie Arnould pour le rôle d'Andromède, n'en fait plus mention par la suite, ce qui veut dire qu'elle garde le même jusqu'à la fin. On est donc forcé d'admettre que l'héroïne devra être entraînée au milieu des flots et enchaînée, toujours vêtue de sa robe à paniers, garnie de bouffants de gaze et de guirlandes de fleurs *d'une galanterie noble et élégante*.

Restaient, comme personnages nouveaux au quatrième acte, d'abord les Tritons, puis Vénus, l'Amour, l'Hymen, Hébé et leur cortège.

Pour les Tritons, voici le programme donné au dessinateur Boquet :

Cet habillement *d'un caractère décidé* doit être vu de loin. Ce Triton chantant étant porté sur une trappe dans la mer, et ne sortant point de l'endroit où il sera placé, on pense qu'il ne faudrait le faire paraître que jusqu'à la moitié du corps. Il doit être coiffé d'une conque marine et en porter une à sa main; sa perruque et sa barbe seront celles d'un dieu marin.

C'était, théoriquement, l'appareil du Triton classique, tel qu'on le voit dans les bassins du parc de Versailles. Mais, en exécution, voici la description du costume et de l'ajustement :

Corps, manches et amadis de taffetas chair vive. Draperie du corps et rotonde redrapée, de glacé argent orné de feuilles de roseaux et coquillages. Culotte de taffetas vert brodée en écailles argent. Perruque et barbe vertes; coiffure en forme de conque; collier chair; rosettes vertes et argent; gants, bas et souliers verts; conque à la main.

C'était là le Triton chantant. Autour de lui, puis devant lui sur le rivage, doivent accourir non pas trois seulement, comme le disait le premier programme, mais trente-six ou quarante *Tritons dansants* qui, avant d'emmener Andromède, esquisseront un petit ballet. On commande pour eux, chez le sculpteur Charny, trente-six conques marines, et chez le vannier Legay, quarante queues de poisson en osier que Boquet recouvre de toile argentée et ombrée imitant les écailles. On leur confectionne en outre des pantalons en toile verte, peints aussi en écailles. Voilà donc une troupe nombreuse de Tritons qu'on ne verra pas seulement à mi-corps, et qui, vêtus de pantalons, ornés de queues de poisson, danseront sur le devant de la scène.

Enfin, après le grand tableau du combat de Persée avec le monstre, puis la bataille livrée aux Ethiopiens de Phinée, apparaît le merveilleux décor du Palais de l'Amour, dont Arnoult a donné la description. Dans quel costume présentera-t-on Vénus? — Papillon de la Ferté, sur ce point, fait cette seule observation :

L'habit de cette déesse, caractérisé particulièrement par l'agrément et par la volupté, ne peut manquer son effet d'après le dessein et les soins du conducteur de cette partie des spectacles de la Cour.

De qui veut-il parler, et à qui renvoie-t-il le soin *d'habiller* Vénus? Est-ce simplement Boquet, le dessinateur et costumier ordinaire? S'agit-il spécialement ici de Delaval, maître des ballets, ou de Joliveau et Dauvergne, qui ont composé le chœur et organisé l'allégorie finale? — Quoi qu'il en soit, voici la description complète du costume exécuté pour Mme Larrivée, chargée de représenter la déesse de la Beauté :

Corset, manches bouffantes et draperie de glacé argent doublée de taffetas blanc; jupe de glacé argent ornée de gaze blanche et fleurs; mante de gaze argent doublée de taffetas bleu; le tout orné de fleurs roses fines et verdures.

Boucles, bouquet de plumes blanches et ruban bleu; chenille argent pour coiffure; rosettes bleues et argent; gants, bas et souliers chair avec lassures bleues et argent.

Mme Larrivée n'était plus une très jeune femme, car elle était née en 1733 et avait débuté à l'Opéra, bien avant son mariage, en 1750. Elle avait donc trente-sept ans et comptait vingt années de service au théâtre. Néanmoins, elle avait, paraît-il, une grâce et un charme qui la faisaient toujours désigner lorsqu'il s'agissait, dans un opéra ou un ballet, de représenter l'Amour ou Vénus. L'année suivante encore, en 1771, Joliveau et Dauvergne devaient la choisir pour remplir le rôle de Vénus dans un ballet nouveau de leur composition. On doit donc penser que, pour le tableau final de *Persée*, Mme Larrivée réunira tous les suffrages.

Pour l'Hymen et l'Amour, qui sont des dieux et non des déesses, et qui cependant sont mieux représentés par des femmes, une exception s'était introduite à l'usage des jupes longues et à paniers. On admettait le travesti. Une gravure de 1765 le prouve, et les descriptions détaillées qui suivent le confirment:

L'Amour : Mlle Lafond. — Corps, manches et *culotte* de taffetas chair tendre; mancherons, bracelets et draperie de glacé argent; revers de satin bleu; le tout orné de fleurs. Pièces et allonges de cheveux, couronne de fleurs, rosettes bleues et argent, collier chair; gants, bas et souliers chair avec lassures bleues et argent, festons idem.

L'Hymen : Mlle Dervieux. — Corps, manches et *culotte* de taffetas chair tendre; mancherons, bracelets, draperie du corps, rotonde redrapée de glacé argent; revers de satin rose; le tout orné de fleurs. Pièces et allonges de cheveux, fleurs pour coiffure, rosettes roses et argent, collier chair; gants, bas et souliers chair avec lassures roses et argent, festons idem; flambeau à la main.

On voit que l'Hymen ne doit se distinguer de l'Amour que par des revers et des rosettes roses, et surtout par le flambeau tenu à la main. Mais les demoiselles Lafond et Dervieux, toutes deux très jeunes et charmantes, acceptent le travesti et se produiront en culottes de taffetas chair tendre.

Quant à Hébé, ainsi qu'à toutes les choristes et figurantes groupées autour du Temple de l'Amour, il suffit de se reporter aux usages et à la tradition, et Papillon de la Ferté se contente de dire :

Tout ce qu'on peut imaginer de plus voluptueux est certainement ce qui conviendra le mieux pour ces habillements de la suite de Vénus et de celle de l'Amour.

Ainsi se terminera l'opéra, et le duc d'Aumont compte bien sur un succès complet.

Mlle LAZY, rôle de l'Amour dans *Églé*.

La Salle de spectacle du Château de Versailles.

V

Tout étant ainsi bien convenu et arrêté, Arnoult, Boquet et leurs collaborateurs se mirent à l'œuvre avec ardeur, car on touchait au mois de février, et il restait à peine trois mois pour les préparatifs de toute sorte (1), études musicales, confection des décors et costumes, agencement des machines, répétitions des ballets.

Il fallait d'abord terminer les travaux du théâtre lui-même, qui traînaient depuis deux ans. On dépensa pour cet achèvement, de janvier à avril 1770, la somme de 754,598 livres, dont 158,000 livres environ payées à Boquet pour la peinture, un solde de 86,511 livres à Arnoult pour les installations de la scène, 73,294 livres au sculpteur Bocciardi, 5,200 à Houdon, notre célèbre statuaire, âgé alors de vingt-neuf ans et revenu de Rome depuis peu ; enfin le reste aux serruriers, menuisiers et autres entrepreneurs. Dans ces dépenses, on ne voit pas figurer les 36,000 livres payées, sans doute antérieurement,

au peintre Durameau, pour son grand et beau plafond de la salle.

Pendant qu'on travaillait au théâtre, les musiciens commençaient leurs répétitions à Paris, dans la salle des Menus, les 21 et 27 janvier, 8, 12 et 14 février. Ces études préliminaires, indispensables surtout pour les chœurs, se trouvaient compliquées par les coupures, intercalations et additions nombreuses faites à la partition originaire, sous prétexte de la rajeunir et de l'embellir. Le malheureux Lulli n'étant pas là pour défendre son œuvre, était mutilé, torturé par les quatre surintendants Rebel, Francœur, Dauvergne et de Bury, qui s'efforçaient de substituer à sa vieille musique leurs propres compositions qu'ils trouvaient naturellement bien supérieures. Ces additions furent telles qu'on paya à deux copistes de musique 3,776 livres pour remanier les partitions des chanteurs et instrumentistes.

En même temps, Boquet père et fils s'occupaient de brosser les décors. Pour le premier acte, leur mémoire porte vingt-quatre châssis représentant les palais qui entourent la place publique de la capitale

(1) Arch. nat., O¹ 2875, 2894, 2895, 3114, 3266, etc.

4

de l'Éthiopie, et sur ces façades, vingt-deux grandes fenêtres dans lesquelles étaient peints des groupes de personnages. Au second acte, il y a quarante-neuf châssis à 110 livres chaque, des imitations de statues, de pavillons en marbre, de fontaines jaillissantes. Pour le quatrième acte, la mer, le ciel et les rochers sont représentés à l'aide de quatre-vingt-quatre châssis, et le Palais de l'Amour est en outre accompagné de nuages sur lesquels sont peintes plus de cent figures d'enfants groupées harmonieusement.

Bien qu'on ait recours autant que possible au magasin de l'Opéra de Paris, le seul mémoire de peinture des décors de *Persée* s'élève à 154,189 livres.

Pour les costumes, la dépense paraît encore plus importante, car on voit des notes de 225,000 livres payées à Buffault, le riche marchand d'étoffes protégé par la comtesse du Barry ; de 93,000 livres à Picters, autre fournisseur du même genre ; de 91,000 livres pour la façon des habillements ; de 75,000 livres pour les garnitures, galons, franges, paillettes ; de 11,000 livres pour les chaussures ; de 22,000 livres pour les plumes, etc...

Mais il est vrai que ces énormes fournitures, comprenant, entre autres, 11,095 aunes de taffetas, 6,445 aunes de gaze d'Italie, 4,330 aunes de satin, et le reste à l'avenant, ne s'appliquaient pas uniquement à *Persée* et devaient être utilisées aussi pour les autres pièces à jouer : *Castor et Pollux*, *Athalie*, *Tancrède* et *la Tour enchantée*. Ainsi que nous l'avons observé en passant, le costume de Castor se rapprochait beaucoup de ceux de Persée et Phinée, et il est certain qu'alors comme aujourd'hui, les vêtements et ajustements servaient à plusieurs fins.

Le relevé des journées payées par Boquet aux tailleurs et couturières pour la confection de ces habillements fait connaître le nombre des ouvriers employés à ce travail. En janvier, ils sont déjà quatre-vingts environ ; en février, on en occupe deux cent trente en moyenne ; en mars et avril, ils sont encore plus nombreux ; enfin, du 30 avril au 6 mai, en sept jours, on a à payer 3,536 journées, ce qui suppose plus de cinq cents ouvriers.

Ce n'est pas tout encore. Une série de commandes importantes sont faites à des perruquiers, gantiers, modistes, marchands de fleurs artificielles, et d'autre part, à des sculpteurs, des vanniers, des ferblantiers, bourreliers, fourbisseurs, etc... pour les *accessoires*, c'est-à-dire les monstres de carton, les attributs divers des dieux et déesses, les armes, boucliers, lances, casques, etc...

Au total, d'après une récapitulation qui se trouve aux Archives nationales, l'opéra de *Persée*, seul, exigea 624 costumes, dont 451 furent faits entièrement à neuf, 76 réparés, et les autres pris sans doute au magasin et employés tels qu'ils étaient. Comme

détail de curiosité, on rencontre à part l'état de distribution des gants, des bas et des masques. On eut à fournir pour *Persée* : 179 paires de gants pour hommes, 149 paires pour femmes, et, comme supplément, 78 paires en laine. En se reportant au nombre total de 624 costumes, il y a lieu de supposer qu'on utilisa une grande quantité de gants et de bas déjà en magasin, car tous les figurants, sans exception, devaient en être munis. Quant aux masques, il en fut commandé et livré 18 pour Cyclopes, 20 pour monstres, 48 pour divinités infernales, 24 pour lutteurs éthiopiens et 24 pour Tritons. Un des dessins de Boquet, ci-après reproduit, représente un *monstre issu du sang de Méduse* avec un de ces masques.

Au commencement du mois de mars, un fâcheux accident vint nuire aux travaux d'installation du théâtre. Arnoult, en inspectant ses ouvriers, fit une chute « considérable », écrit Papillon de la Ferté sur son *Journal*, et fut condamné à l'immobilité complète jusqu'au mois de mai. La machinerie s'en ressentit, le fonctionnement en fut moins bien réglé ; les machinistes furent aussi moins bien exercés par suite de l'absence de leur chef.

Cependant, dès la fin de mars, le théâtre était entièrement terminé, et l'on y faisait une première répétition. Le *Journal* de Papillon de la Ferté porte en effet, à la date du samedi 31 mars 1770 :

Nous avons eu mercredi répétition générale au nouveau théâtre pour y essayer l'effet des voix des chœurs et des symphonies. Il y a eu un concours de monde si prodigieux, M. le duc d'Aumont ayant cru inutile de faire donner des billets, que toutes les portes ont été forcées et que nous avons eu mille peines à pénétrer dans la salle et faire placer tout le monde. Au reste, autant qu'il a été possible d'en juger, la salle est assez favorable pour les voix et pour la musique. Tout le monde a été très content de la beauté de la salle et de la grandeur du théâtre. Le Roi m'ayant fait l'honneur de m'interroger, j'ai fort assuré Sa Majesté que la salle était bien éprouvée, et qu'il n'y aurait certainement pas autant de monde les jours de fête et de spectacle. Il m'a paru que le luminaire de la salle sera très coûteux. Nous nous occupons des moyens de diminuer cette dépense.

Le 2 avril, on répéta entièrement *Persée*. Papillon de la Ferté écrit à la date du dimanche 8 avril :

J'ai eu à signer plus de 1,200 billets pour la répétition qui a eu lieu lundi et dont tout le monde a paru content, quant à l'effet des voix et des instruments. On a éclairé davantage dans la salle, et nous devons faire encore de nouveaux essais à ce sujet.

D'autre part, le mémoire détaillé du marchand de bougies porte qu'il a fourni le 2 avril, pour la répétition de *Persée*, 407 livres de bougies blanches, 7 livres de bougies jaunes et 138 flambeaux. Le 30 avril, pour une autre répétition de *Persée*, fourniture analogue avec un peu plus de bougies jaunes.

Le 5 mai, troisième répétition de *Persée*; le luminaire a été augmenté, la fourniture est de 664 livres de bougies blanches, 24 livres de bougies jaunes et 82 flambeaux. Le 7 mai, quatrième répétition de *Persée*; le luminaire est doublé : on emploie 1,318 livres de bougies blanches, 85 livres de bougies jaunes et 113 flambeaux. Enfin, les 12 et 13 mai, cinquième et sixième répétitions générales pour lesquelles le même *chandellier* fait des fournitures analogues.

Depuis le 28 avril, Papillon de la Ferté s'était installé à poste fixe à Versailles pour surveiller et activer sans relâche les préparatifs. Il avait amené avec lui toute son armée de chanteurs, danseurs et danseuses, et comptait les garder à Versailles. On avait, à cet effet, marqué leurs logements *à la craye* selon l'antique usage; mais les Versaillais, invoquant leurs privilèges, exigèrent des indemnités qu'ils fixèrent à 4 livres par jour pour une chambre de maître meublée avec cabinet pour domestique, et 3 livres sans local de domestique. Ces prix parurent exorbitants, et l'on résolut de renvoyer à Paris, après chaque répétition, tous ceux des artistes qui n'étaient pas attachés à la maison du Roi. Pour ces derniers seulement, on prit des chambres aux prix indiqués. Il fut attribué, comme supplément à leurs appointements, pour logement et nourriture, 12 livres par jour aux premiers sujets, et 10 livres aux musiciens et aux choristes. On alloua aux artistes voyageants 6 livres par chaque répétition et, en outre, 6 livres par chaque nuit qu'ils seraient forcés de passer à Versailles.

Toute la troupe de l'Opéra de Paris avait été mise en réquisition et annexée à ce qu'on appelait la musique du Roi. On trouva que c'était encore insuffisant, et l'on renforça encore les chœurs et l'orchestre de musiciens *externes* qui furent payés à raison de 48 et 24 livres, suivant leur qualité, par chaque répétition ou représentation.

Ces indemnités diverses de séjour et de déplacement, quoique paraissant séparément assez modiques, entraînaient pourtant des frais considérables.

Ainsi le ténor Legros, à la fin des spectacles, toucha 978 livres pour ses déplacements, en dehors de ses appointements d'*acteur de la musique du Roi*. Geslin et Larrivée touchèrent chacun 966 livres. Sophie Arnould, dans les mêmes conditions, reçut aussi 966 livres. Les danseurs et danseuses, forcés de séjourner à Versailles à cause de l'organisation des nouveaux ballets, eurent droit à des indemnités analogues. Vestris et la demoiselle Geslin reçurent 1,024 livres; Gardel, Dauberval et la Guimard, chacun 924 livres. Au total, il y eut, de ce chef, une dépense de 181,615 livres.

Les chanteuses et danseuses réclamèrent encore certaines allocations spéciales pour leurs menus

détails de toilette, qui s'élevèrent à plus de 9,000 livres. On y remarque, entre autres, 24 livres pour le rouge nécessaire à chacune d'elles. Il fallut aussi payer 4,456 livres pour les voitures et chaises à porteurs que soixante-trois danseuses employèrent à Versailles pendant leur séjour.

Enfin nous sommes arrivés au mois de mai. La future Dauphine a quitté Vienne depuis le 21 avril;

Monstre issu du sang de Méduse, d'après un dessin de BOQUET.

elle a fait son entrée solennelle à Strasbourg sur la terre de France le 7 mai, et le mariage doit avoir lieu à Versailles le 16. On devine les préoccupations de Papillon de la Ferté, d'Arnoult pour ses machines, de Boquet pour ses décors, de Delaval pour ses ballets, et la hâte fiévreuse des derniers préparatifs. Le mémoire du *chandellier* nous apprend qu'à la répétition générale du 7 mai, le luminaire avait été doublé. Aussi, le 11 mai, Papillon de la Ferté écrit-il (1) :

... On a été plus content du luminaire, le théâtre étant éclairé de plus de trois mille lumières, ce qui est bien

(1) *Journal de Papillon de la Ferté*, déjà cité.

considérable. Je ne crois pas cependant qu'on puisse diminuer de beaucoup ce nombre, par la disposition du théâtre qui est immense, et surtout par la manière dont M. Arnoult a arrangé ses châssis de décorations. D'ailleurs, la grandeur énorme de ce théâtre, très commode pour le service, exige un nombre considérable de sujets pour les chœurs et pour la danse. Aussi je pense que ce local ne pourra jamais servir que dans les fêtes de très grand apparat et où l'on ne regardera pas à la dépense. On a été très content des lustres que j'ai fait mettre entre les colonnes de la salle, lesquels éclairent bien les plafonds des galeries, ainsi que le grand plafond, qui est un très beau morceau du sieur Durameau.

On a exigé, et avec raison, plusieurs changements à quelques décorations, d'après les observations que j'ai faites à M. le duc d'Aumont. M. Arnoult en a été un peu contrarié, mais il a dû s'en consoler aisément, la majeure partie ayant été trouvée de la plus grande beauté, surtout celle de la Gloire (1), qui a cependant besoin d'être plus éclairée. Nous avons un camp de 300 gardes françaises, établi dans le parc, pour toutes les manœuvres des magasins, le service du théâtre et les comparses dans les opéras. M. de Bombelles qui les commande, et en qui M. le duc d'Aumont paraît avoir beaucoup de confiance, se donne beaucoup de peine pour les exercer.

Le Roi est venu voir la salle et l'a visitée jusqu'aux combles. Il a fait supprimer les lustres que M. de Marigny avait fait placer au-dessus de l'amphithéâtre. Quand le Roi a eu terminé la visite de la salle, on a levé le grand rideau qui avait été trouvé fort beau. Le théâtre était occupé par toutes les demoiselles de la danse, vêtues en belles étoffes de taffetas blanc, et par les danseurs en uniforme rouge avec brandebourgs d'or. C'est l'habit que les uns et les autres ont pris pour les répétitions. Le Roi a été très content de cet ensemble, ainsi

(1) On appelle *gloire*, en langage de théâtre, une machine praticable qui descend du cintre et reste suspendue à une certaine hauteur avec les personnages qu'elle fait apparaître. Ce devait être ici le Palais de l'Amour, formant le tableau final.

que de la décoration représentant la mer, avec le rocher d'Andromède. Sa Majesté en a témoigné sa satisfaction au sieur Arnoult...

Tout est donc pour le mieux et l'on espère un grand succès. Le 16 mai, à dix heures du matin, la jeune archiduchesse Marie-Antoinette d'Autriche franchit la grille de la cour du Château. M. de Nolhac, dans son beau livre sur *Marie-Antoinette Dauphine*, a raconté les détails de la journée du mariage. Cette grande solennité s'est terminée par le festin royal servi dans la salle de spectacle, disposée spécialement à cet effet. Et c'est le lendemain même que devait avoir lieu la représentation de *Persée!* Toute la nuit fut employée à enlever le faux plancher, le salon de musique avec sa grande arcade de 32 pieds de hauteur, les gradins disposés tant pour les quatre-vingts musiciens que pour les assistants, les lustres, tentures, décors, tapis, cloisons mobiles, portes de service, etc... Ouvriers et soldats rivalisèrent de zèle. Papillon de la Ferté, épuisé de fatigue depuis plusieurs jours, ne quitta pas la brèche; il se remettait, écrivait-il, en prenant chaque jour un bain.

Enfin, le jeudi 17 mai, tout est prêt, et le personnel de l'Opéra au complet, chanteurs, danseurs et musiciens, débarque de bonne heure à Versailles.

Un plan manuscrit très intéressant, non encore publié, croyons-nous, qui se trouve à la Bibliothèque de la ville de Versailles, fait connaître exactement les dispositions de la salle, de l'orchestre et de la scène. Il est daté de 1770, et les places indiquées pour les acteurs portent les noms de Gélin, Larrivée et Legros, qui remplissaient dans *Persée* les principaux rôles. On peut donc supposer que ce plan a été fait justement en vue de la représentation d'inauguration du 17 mai 1770.

Marie-Antoinette (d'après MOREAU le jeune).

Banquet des Gardes du Corps du 1er octobre 1789.

VI

Quel fut l'effet produit sur les spectateurs, et notamment sur la jeune Dauphine, par l'opéra de Quinault et Lulli, rajeuni et arrangé comme l'on sait ? Le succès couronna-t-il les efforts de tous ceux qui collaboraient depuis plus de quatre mois à cette entreprise ? — Il faut malheureusement reconnaître que l'effet fut médiocre, et le succès à peu près nul. Papillon de la Ferté, dans son *Journal,* ne veut pas l'avouer tout à fait, et explique comme on va le voir l'ennui manifesté par Marie-Antoinette :

Ce spectacle a été beaucoup mieux qu'on ne pouvait s'y attendre, après des préparatifs aussi pressés et avec des machines dont les mouvements étaient encore si peu connus des ouvriers. D'ailleurs, on a été très content de la magnificence du spectacle. *Madame la Dauphine n'a pas paru y prendre goût.* Il est vrai que c'est un opéra bien sérieux pour quelqu'un qui ne connaît pas encore le spectacle *et qui n'aime pas la musique.*

L'excuse était mauvaise, car Marie-Antoinette aimait la musique et jouait agréablement de la harpe et du clavecin. Il eût peut-être mieux valu faire remarquer qu'après les solennelles et fatigantes cérémonies du mariage, et une deuxième journée de présentations et d'apparat, la Dauphine, âgée de quinze ans, devait être le soir assez mal disposée pour goûter un opéra sérieux. Il eût été surtout vrai de dire que les mutilations subies par l'œuvre de Lulli, les arrangements de Joliveau, aussi bien que les ballets intercalés à tout propos dans l'opéra, étaient détestables, nuisaient au développement du drame par des coupures fâcheuses et des allongements sans raison. En outre, les machinistes, ayant été insuffisamment exercés, les trucs et décors étant trop hâtivement préparés, la mise en scène avait été défectueuse. Enfin, par suite sans doute des travaux de transformation rapide de la salle, une poussière épaisse s'était élevée et formait un brouillard fort désagréable, aussi bien pour les spectateurs que pour les acteurs.

Le luminaire était d'ailleurs très défectueux. En effet, on remarque avec étonnement sur le mémoire du *chandellier* que, s'il a fourni pour la représentation du 17 mai une quantité totale de 4,400 bougies environ, — ce qui semble d'abord largement suffisant, — il y en avait bien 4,000 employées à l'éclairage de la scène et de l'orchestre (1,580 sur les portants, 400 dans l'orchestre, 390 pour la rampe, etc.), tandis qu'il en était compté à peine 400 pour la salle (224 sur les lustres, 150 dans les loges, 12 au foyer!). La scène pouvait être brillante, mais la salle, dont on connaît les grandes dimensions, devait être plongée dans une demi-obscurité peu faite pour dissiper l'ennui des spectateurs.

Le Mercure de France, malgré les atténuations obligées d'une relation officielle, constata lui-même les défectuosités de cette première représentation. Il dit d'abord, à propos de la soirée du 17 mai :

Malgré les efforts réunis de toutes les personnes qui concouraient à ce grand ensemble, malgré la pompe imposante d'un opéra fait pour étonner et pour plaire, par le merveilleux qui lui est particulier autant que par la magnificence dont il est susceptible, quelques longueurs dans l'ouvrage même, le défaut de précision, de prestesse dans le changement des décorations, dans le jeu de quelques machines, en un mot, dans plusieurs services théâtraux, ont répandu un peu de langueur sur l'effet de cette première représentation, sans nuire cependant à l'impression qui devait résulter de ce beau spectacle, et qu'il a généralement produite.

Un troisième compte rendu, encore moins favorable, de la représentation du 17 mai se trouve dans les *Mémoires secrets* de Bachaumont :

L'opéra de *Persée*, joué le lendemain jeudi avec toute la pompe et toute la magnificence du spectacle, n'a point eu de succès. On a trouvé mauvais que le s^r Joliveau se fût avisé de changer le poème de Quinault, ou plutôt de le profaner par ses corrections sacrilèges. On sait d'ailleurs qu'il est essentiellement triste, et l'on a

Costume de Le Kain dans le rôle d'Abner, d'après un dessin original de Boquet.

Costume de Mlle Clairon dans le rôle d'Athalie, d'après un dessin original de Boquet.

Puis, après une deuxième représentation de *Persée*, qui eut lieu huit jours après, le 26 mai, *le Mercure* ajoute :

Quelques retranchements faits à propos dans les scènes et surtout dans les ballets; plus d'exactitude et de célérité dans l'exécution théâtrale; plus de confiance de la part des acteurs, et un ensemble plus heureux dans le total, ont, pour ainsi dire, montré cet opéra sous un nouveau point de vue : aussi a-t-il fait le plaisir qu'on en devait attendre, et d'autant plus *qu'on était parvenu à dégager le théâtre de la poussière et de l'espèce de brouillard qui l'obscurcissaient le premier jour...*

fort censuré le goût de ceux qui ont assisté au choix des spectacles, d'avoir préféré celui-ci, qui a répandu un ennui général sur toutes les physionomies. On a déjà observé que le genre de la musique ne pouvait affecter que désagréablement les oreilles de Madame la Dauphine, *accoutumées jusqu'à présent seulement à la vivacité et à la légèreté de la musique italienne.* On n'a pas trouvé que les ballets réparassent ce qui manquait d'ailleurs, et les machines, qu'on avait extrêmement vantées, n'ont point produit l'effet merveilleux qu'on s'en promettait. En tout, l'exécution a été plus que médiocre.

On voit que Bachaumont, pas plus que Papillon

de la Ferté, ne connaissait l'éducation musicale de Marie-Antoinette. Lorsqu'il écrivait qu'elle n'avait encore entendu que de la musique italienne, il ignorait certainement qu'elle était élève de Gluck dont elle admirait passionnément le génie, et dont elle devait introduire les œuvres en France malgré les partisans de Piccini et du genre italien. L'insuccès de *Persée* auprès de la Dauphine provenait donc

Heureusement, l'insuffisance du luminaire n'avait pas empêché de reconnaître que la salle était fort belle, admirablement disposée, ornée avec un goût exquis, et la scène susceptible, par ses dimensions comme par sa machinerie, des plus merveilleuses décorations. On racontait dans Paris que ce théâtre était si vaste que l'on pouvait y faire « paraître des escadrons entiers de cavalerie ».

Mᶩᶫᵉ GUIMARD.

M. GARDEL.

surtout, comme on l'a déjà vu, des fâcheux arrangements de Joliveau et consorts, de la mauvaise manœuvre des décors et machines, de la longueur et de la multiplicité des ballets, et enfin de ce brouillard de poussière dont parle *le Mercure*.

La première représentation donnée sur le grand Opéra du Château de Versailles ne répondit donc pas aux espérances qu'avaient conçues les organisateurs et aux efforts multipliés depuis le mois de janvier, afin d'inspirer à la Dauphine l'admiration la plus vive pour un des chefs-d'œuvre de la scène lyrique française.

Le duc d'Aumont et Papillon de la Ferté allaient d'ailleurs bien vite prendre leur revanche du premier échec subi par *Persée*.

Dès le soir même du 17 mai, pendant que la troupe de l'Opéra de Paris se hâtait de monter en carrosse pour rentrer dans la capitale et ne pas faire manquer la représentation du lendemain vendredi, on se mettait à l'œuvre pour transformer encore une fois le nouveau théâtre et en faire une salle de bal. La journée et la nuit du vendredi y furent employées, et le samedi, à deux heures, s'ouvrit le bal paré. Les merveilles de cette fête ont été minutieusement décrites par

le Mercure de France. M. de Nolhac en a fait connaître les principaux traits, et a donné en outre, dans
la grande édition de son livre, la reproduction d'une
intéressante peinture contemporaine où l'on voit un
des côtés de la salle. L'autre côté, installé sur la
scène, était décoré avec une extrême richesse. Un
détail en donnera l'idée : le plafond était formé d'une
grande peinture ovale de 36 pieds sur 28, représentant Psyché conduite par l'Amour devant le trône de
Jupiter, entouré des dieux de l'Olympe. Le peintre
Briard, auteur de cette composition, faite uniquement pour la circonstance, invoqua l'exemple de
Durameau, qui avait reçu 36,000 livres pour le plafond
de la salle, et obtint une allocation de 30,000 livres.

Quatre jours après le bal paré, le jeudi 24 mai, eut
lieu la représentation d'*Athalie*, qui fut un vrai succès.
La décoration et la mise en scène, appropriées aux
grandes dimensions du théâtre, surpassèrent tout
ce qui avait été fait jusqu'alors à la Comédie-
Française. Les chœurs, plus nourris, mieux chantés que d'ordinaire, firent un bel
effet, quoique certains amateurs prétendissent, au
dire de Bachaumont, qu'ils refroidissaient l'action.
Tout le monde s'accorda à admirer le dernier tableau, où « cinq cents hommes débouchant sur la
scène par quatre côtés, sur dix de front, présentè-
rent le coup d'œil le plus imposant et le plus terrible ».

La fameuse Mlle Clairon, puissamment soutenue
par la duchesse de Villeroy, avait obtenu de revenir
jouer, par exception, dans cette solennité, malgré
les vives réclamations de sa rivale, Mlle Dumesnil,
protégée pourtant par la comtesse du Barry. Elle
n'eut pas tous les éloges qu'elle espérait, on critiqua

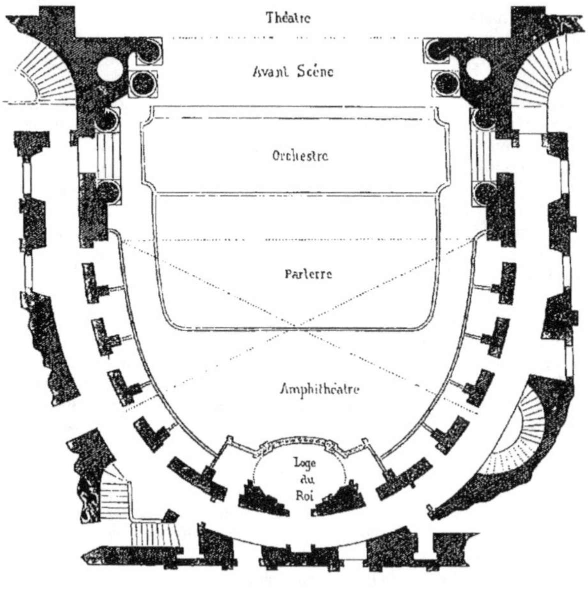

sa déclamation, et les partisans de Mlle Dumesnil
soutinrent que celle-ci lui eût été bien supérieure.

A l'occasion de cette représentation d'*Athalie*, il
est intéressant de rechercher si les costumes des acteurs de la Comédie-Française furent notablement
différents, moins conventionnels et plus vraisem-
blables que ceux des chanteurs de l'Opéra.

Tout le monde sait que Mlle Clairon et Le Kain
furent les premiers à rejeter le luxe extravagant des
habillements surchargés d'étoffes de soie, de broderies d'or, de plumes et de pierreries, pour y substituer une noble simplicité se rapprochant mieux de
la vraisemblance historique. Dès 1750,
dit-on, la Comédie - Française, à la différence de l'Opéra, avait, sur l'initiative
de ces deux grands artistes, adopté
cette réforme du costume. Or, voici les
descriptions pour les costumes des deux
réformateurs eux-mêmes, Mlle Clairon et
Le Kain, à la représentation d'*Athalie* du
24 mai 1770, dont les dessins authentiques de Boquet sont reproduits plus haut (1) :

Athalie, Mlle Clairon. — *Ajustement :* Perruque à
grandes boucles, diadème d'or orné de pierreries; bouquet de plumes blanches, voile de gaze or et blanc;
gants et bas blancs, souliers d'or.

Habillement : Corset haut de manches, draperie et
grand manteau de glacé or; la draperie ornée d'une
armure de satin pourpre, brodée en or et doublée de
taffetas jaune; le manteau rayé de satin pourpre et
doublé de mosaïque cramoisie et or; jupe de canncié
argent, brodée en or, et écharpe de satin pourpre. Le
tout orné d'or et de pierreries.

Abner, M. Le Kain. — *Ajustement :* Perruque à cade-

(1) Archives nationales, O^t 3266.

nettes ; coiffure modelée, ornée de pierreries et plumes blanches ; collier de diamants ; bas et gants chair ; chaussures à la romaine de satin vert, avec lassures et festons d'or.

Habillement : Cuirasse de moire acier brodée en or ; rotonde redrapée et haut de manches de satin vert, brodée en or et doublée de taffetas blanc ; culotte de satin vert ; pièces et amadis chair ; manteau à la césarine de velours tigré, doublé de satin cramoisi. Le tout orné d'or et de pierreries.

Il faut avouer que, pour cette fois au moins, Le Kain et Mlle Clairon n'avaient guère observé en leurs habillements cette simplicité dont ils se faisaient gloire. On y retrouve la même somptuosité, la même surabondance de manteaux, de draperies, d'écharpes, en satin pourpre ou vert, avec broderies d'or et d'argent, que dans les costumes de l'opéra de *Persée*. On remarque de même les perruques à cadenettes et à grandes boucles, les panaches de plumes, les chaussures de satin avec lacets d'or et les gants de rigueur. Aucune différence n'existe entre les ajustements et les falbalas de la reine Cassiope et ceux d'Athalie ; toutes deux portent des jupes à paniers et sont habillées suivant la mode de 1770. On est alors porté à se demander si la réforme du costume à la Comédie-Française avait été sérieuse, et ce qu'étaient devenues les innovations tant célébrées vingt ans auparavant. L'explication serait, d'après de sûres informations, que l'étiquette de la Cour ne permettait pas de sortir des antiques traditions. La simplicité et la vraisemblance n'auraient pas été de mise sur le théâtre du Château. Il fallait y paraître en grand habit, et Mlle Clairon comme Le Kain durent s'incliner devant la règle.

Le surlendemain d'*Athalie*, le 26 mai, on donna une deuxième représentation de *Persée*, qui réussit mieux que la première. On avait eu le soin de faire de fortes coupures dans les malencontreux ballets ; les chœurs et solistes étaient plus sûrs d'eux-mêmes, les machinistes manœuvrèrent mieux ; le luminaire, insuffisant le 17 mai, fut augmenté ; enfin, l'incommode brouillard de poussière fut évité. L'opéra de Lulli fut donc mieux goûté !

Les 9 et 13 juin, on joua *Castor et Pollux*, dont les superbes récitatifs, comparables à ceux de Gluck, furent très bien appréciés par la Dauphine.

Vinrent ensuite la tragédie de *Tancrède*, de Voltaire, et *la Tour enchantée*, ballet étonnant, rempli de fantastiques apparitions et de changements à vue, qui avait été composé par Joliveau sous l'inspiration de Mme de Villeroy, et mis en musique par Dauvergne.

Enfin, en juillet, les spectacles des fêtes du mariage se terminèrent par *Sémiramis*, de Voltaire, et *l'Impromptu de campagne*, de Poisson, où Préville, l'excellent comique, égaya fort la Dauphine, qui riait, dit Bachaumont, « à gorge déployée ».

Il serait trop long et fastidieux d'énumérer pour ces diverses pièces, comme pour *Persée*, les décors et les costumes. Aussi bien, il y aurait beaucoup de redites, et l'on retrouverait fréquemment les mêmes indications. On peut noter seulement, à titre de curiosité, pour la mise en scène de *la Tour enchantée*, qu'on y vit défiler sur la scène Minerve, Apollon, Mars et Bacchus, chacun dans un char orné de leurs attributs particuliers et traîné par deux chevaux. Une gratification de 312 livres fut donnée à un sieur Germain, piqueur des écuries du Roi, qui avait dressé les chevaux à cet exercice.

La dépense totale de tous ces spectacles, donnés sur l'Opéra de Versailles de mai à juillet 1770, s'éleva à la somme de 1,267,770 livres. En y ajoutant les travaux d'achèvement du théâtre, les cérémonies diverses du mariage, les concerts, les bals, et la fête de nuit avec feu d'artifice, on arrive à un chiffre de 3,000,000 de livres environ, pour l'ensemble des fêtes de Versailles à l'occasion du mariage du Dauphin (1).

Ainsi se trouvait inaugurée, en l'honneur de Marie-Antoinette, cette grande salle de l'Opéra, considérée alors comme la plus belle du monde entier. Merveilleusement aménagée, pouvant se transformer aisément en salle de bal ou de festin, pourvue d'une scène immense et d'une machinerie très complète, elle semblait appelée à servir souvent et longtemps aux plus hautes manifestations de l'art dramatique ou lyrique, aussi bien qu'aux brillantes fêtes de la Cour. Cependant, son règne ne fut pas de longue durée. Moins de vingt ans plus tard, le 1er octobre 1789, avait lieu dans cette même salle le célèbre banquet des gardes du corps. Marie-Antoinette y fut acclamée pour la dernière fois. Puis, ce fut l'abandon complet, la menace même de la destruction, pour le Château comme pour son théâtre. Enfin, après plus d'un demi-siècle, l'Opéra de Versailles, sauvé de la ruine, sortit parfois de l'oubli et secoua sa poussière, mais seulement à de longs intervalles, et dans des circonstances exceptionnelles, jusqu'au jour où, juste cent ans après son inauguration, il devint l'asile de l'Assemblée nationale !

(1) Archives nationales, O^1 2874-75, 2895.

DES PRESSES

de la Maison AUBERT

6, Avenue de Sceaux, 6

VERSAILLES